もっとも　わかりやすい

ゲーム理論

GAME THEORY

清水武治 著
Shimizu Takeharu

日本実業出版社

はしがき

本書は、「ゲーム理論について、経済学も数学の知識も前提にしないで、その考え方を実際に活用してもらえるように伝える」という目的で書いたものです。

ゲーム理論が誕生してから半世紀以上が経過しました。学問としてはまだ若いのですが、社会科学や人文科学への影響力には目を見張るものがあります。

なぜならゲーム理論は、それまでの経済学では扱いきれなかった問題を処理できるようにしただけではなく、経済学では解けない問題を、政治学、社会学などとも共通の枠組みをつくることによって、学際的に解けるようにしたからです。

ゲーム理論は、経済学をスケールの大きいものに変えました。**経済学的思考**という思考方法が、財・サービスの生産や消費と所得の分配に関する学問に限られるものではなく、合理的に行動する意味を問うことのすべてに適用できる方法へと変えたのです。

戦略的思考が持てはやされ、その最たるものが「ゲーム理論」と言われていながら日本では、一般向けのゲーム理論の本はまだ少ないようです。

経済学書としてのゲーム理論の本は、ひところに比べると様変わりの盛況です。しかし、理論書としては優れていても、「現実の日常やビジネスの現場において、専門外の人が使えるように書いてある本」となると首をかしげざるを得ません。

本書では、読者が最初にゲーム理論に触れたときに、疑問に思いやすい部分に多くのスペースを割きました。ゲーム理論をていねいに解き明かしながら、最近の話題でぜひとも押さえておきたいものまでを俯瞰しています。

はじめてゲーム理論に触れる方にも、いままでのゲーム理論の解説書でつまずいた経験のある方にも、ゲーム理論を身に付けて応用していくことに必要なものを揃えることができたと自負しています。

数理的思考というのは、**とことん考える**ことが重要です。考え方のパターンを手っ取り早く覚えればよいという態度では、応用が利きません。本書では、数式の代わりに図表を多用していますが、考え方の筋道をなるべくご自身でも図解して読み進まれることをおすすめします。

本書の構成は、まず事例を挙げて、それを検討していくなかでゲーム理論のアイデアを説明する、という形を取りました。こうすることで、抵抗なくゲーム理論の考え方を理解してもらえると思います。

ゲーム理論は、少ない原理から論理的に頭を働かせることで解に到達しようとするものです。その楽しさをぜひ味わってみてください。

２００８年６月

清水武治

もっともわかりやすい　ゲーム理論

もくじ

Part 16 余剰が減るスピードが決め手となる多段階交渉

Part 17 不確実ならリスクが高い

Part 18 情報完備・情報不完備ゲームというキー

Part 19 プリンシパルとエージェントの深遠な関係

Part 20 ゲーム理論を実戦に生かす

本文DTP◎ムーブ（武藤孝子）

本文イラスト◎近藤智子／武藤孝子／徳永裕美

Part 1

ゲーム理論への案内

1-1　ゲーム理論はなぜつくられ、
どのように発展してきたのだろう？

1-2　ゲーム理論は世の中の
さまざまな問題を解決する

1-1 ゲーム理論はなぜつくられ、どのように発展してきたのだろう？

経済学をはじめとするさまざまな分野で応用され、**分析のツール**とされている**ゲーム理論**とは何でしょうか。誰がつくり、どのように発展し、今後はどうなるのか、そのアイデアとは何なのかを見てみましょう。

ゲーム理論とは？

ゲーム理論とは、相互に影響し合っている人たちの関係（相互依存関係）を研究する科学です。

相手がいるときに最善の意思決定をするためには、戦略的思考が必要となります。ゲーム理論は、その際に欠かせないツールとなるのです。

「ゲーム」という切り口

ゲーム理論は経済学の問題を解明するために発生しましたが、**ゲーム**という切り口を得ることによって、それまで以上に人間の経済活動について広く深く考察することができるようになりました。

しかも、ゲーム理論は経済学の問題を解くだけではなく、学問の分野を越えた理論の枠組みを提供しているのです。それにより現在では、政治や社会の現象にとどまることなく、哲学や生物学などにまで広く応用

1-1　分野を越えて広がるゲーム理論

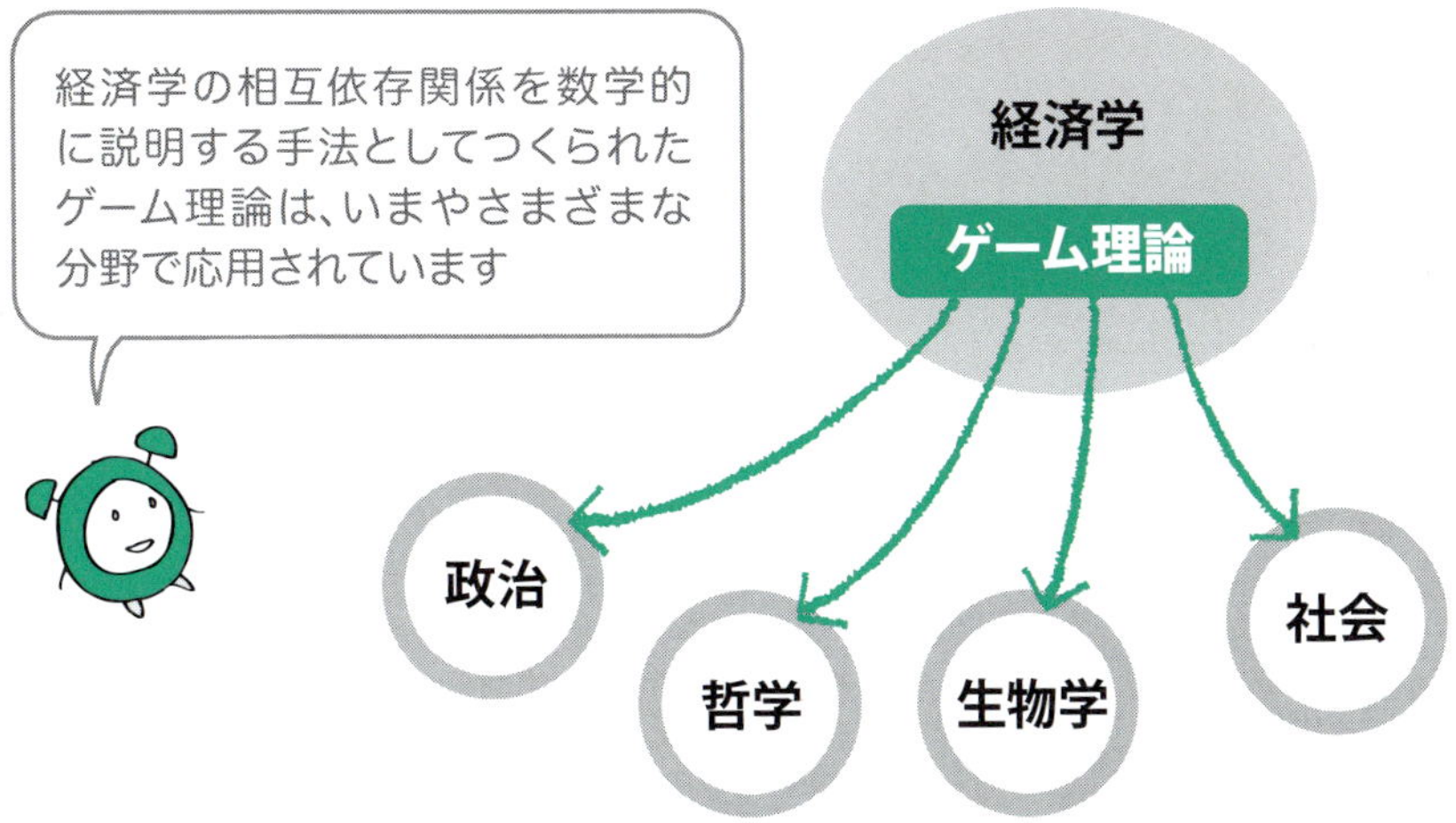
経済学の相互依存関係を数学的に説明する手法としてつくられたゲーム理論は、いまやさまざまな分野で応用されています
経済学
ゲーム理論
政治
哲学
生物学
社会

されるようになっているのです（図表1―1）。

利己的な人間がなぜ社会をつくれるのか？

ゲーム理論が前提としている人間（**プレイヤー**と呼びます）は、利己的で冷徹な合理主義者です。なぜ自分の利益しか考えない人たちが、人から強制もされないのに協調し合い、共同体をつくり、破《は》綻《たん》なき社会をつくっていけるのでしょうか。

ゲーム理論は、そこに**インセンティブの仕組み**を見るのです。インセンティブ（動機付け）の仕組みをうまくつくれば、利己的だからこそ人は協調し合うこともあるのです。つまり、ゲーム理論は、インセンティブの仕組みを解明するものでもあります。

ゲーム理論の成り立ち

ゲーム理論の創始者であるフォン・ノイマンと、その後の発展について見てみましょう。

ゲーム理論の創始者

ハンガリー系ユダヤ人の**ジョン・フォン・ノイマン**（１９０３～１９５７）がゲーム理論をつくりました。相互に依存的な関係にある経済行動は、それまでの数学ではうまく説明できなかったため、それに合う新しい手法を編み出したのです。

人間の意思決定が相互に依存し合っていることについては、古くから軍事、経済、人間関係で指摘されていました。それを厳密に数学的に展開できる形にしたのが、フォン・ノイマンなのです。

フォン・ノイマンは、ゲーム理論に関する最初の論文を**１９２８年に発表**しました。その後、経済学者・統計学者でもある**オスカー・モルゲンシュテルン**（１９０２～１９７７）と共同研究を行ない、画期的な共著**『ゲームの理論と経済行動』**を発表したのが１９４４年のことでした（図表１－２）。

ゲーム理論の発展者ナッシュ

しかし、ゲーム理論はそれまでの方法と違いすぎていたので、経済学では長く異端扱いされていました。ゲーム理論が広く経済学に受け入れられるようになったのは、数学者**ジョン・フォーブス・ナッシュ**（１９２８～）の功績です。

ナッシュは、**非協力ゲーム**を提唱し、ゲームの解として**ナッシュ均衡**というアイデアを１９５０年代に発表しました。しかしそれにもかかわらず、ゲーム理論が理論経済学者らに積極的に取り上げられるようになるには、時間がかかりました。

ナッシュが新しいゲーム理論を提唱して20年以上経った１９７０年代以降になって、理論経済学者たちは、ナッシュの非協力ゲームの枠組みが、自分たちの関心事である経済事象をうまく表現できる枠組みとな

1-2 ゲーム理論主要年表

1928年	フォン・ノイマンが論文「社会的ゲームの理論について」を発表
1944年	フォン・ノイマンとモルゲンシュテルンが共著『ゲームの理論と経済行動』を発表
1950年	ナッシュが「交渉問題」についての論文を発表
1951年	ナッシュが「非協力ゲーム」についての論文を発表
1970年代	ナッシュの非協力ゲームが理論経済学者から支持され、大いに研究が盛り上がる
1994年	ナッシュ、ゼルテン、ハーサニーらがノーベル経済学賞受賞
2005年	オーマン、トマス・シェリングがノーベル経済学賞受賞

ることに気付いたのです。

その後における、ゲーム理論の経済学への取り入れによる成果には目覚しいものがあります。ノーベル経済学賞受賞者に、ゲーム理論に関係した人が続出していることでもその成果がわかるでしょう。ナッシュ自身も、１９９４年に数十年前の業績により、ノーベル経済学賞が与えられました。

進化ゲーム（生物学からの発想）

ゲーム理論は、さまざまな独創的な学者たちにインスピレーションを与え続け、生物学者**メイナード・スミス**（１９２０〜２００４）によって、**進化ゲーム**という新しい分野が開拓されました。

進化ゲームは、長期の時間を考えるときの新しい概念「進化論的に安定な戦略（ＥＳＳ）」などを提示しています。進化ゲームは、生物学はもとより、経済学、社会学にも応用されるようになっています。

1-2 ゲーム理論は世の中のさまざまな問題を解決する

ゲーム理論の中心的な考え方

ゲーム理論の中心的な考え方は、次の2つに集約できます。

①プレイヤーは合理的に考える
②ゲームにはナッシュ均衡がある

①プレイヤーは合理的に考える

ゲーム理論は、人間行動を科学的に捉えようというものです。

まず、プレイヤーが合理的に考えるとした場合の行動を体系的に組み立てていきます。そのときにどんなゲームが成立し、その特徴は何かについて徹底的に研究を行なうのです。

しかし、人間は完全には合理的ではありません。完全に物事など見通す能力も持っていません。このような人間の性質を説明するために、完全な合理性や予見性という前提を徐々に緩めます。

これを**限定合理性**と言います。限定合理性でゲームが研究されることによって、より現実的な人間のモデルが得られるのです。

② ゲームにはナッシュ均衡がある

ゲームでは、合理的なプレイヤーが**最適反応**をすることにより**ナッシュ均衡**が実現します。ナッシュ均衡の特徴や性質を研究するのが、現代のゲーム理論の課題なのです。最適反応やナッシュ均衡については後で詳しく述べていきます。

ゲーム理論で解決できる問題とは …M&A、価格戦略…

ゲーム理論を使えば、日常から社会、経済、政治などのさまざまな問題まで、どのように展開していくのか予測することができます。それを踏まえて自分に有利な戦略を決定できるのです。そんないくつかの例を挙げてみましょう。

❖M&A

近年、企業の合併、買収が盛んに行なわれています。有利な合併をする、あるいは合併に反対するという場合、相手の意図や行動によって自分の行動も変わります。相手の提案を信じてよいのかどうか、こちらの提案をどこまで強気に打ち出すべきか。また、こちらの意図をどうすれば相手に伝えられるか、といった問題にゲーム理論は有効な解答を導き出します。

❖価格戦争

ライバルより安い値段を付けることで、ライバルを引き離すという戦略が繰り返し使われています。あるときはハンバーガー業界で、またあるときは携帯電話業界でといった具合です。

価格戦争という様相を呈するこれらの事態は、ゲーム理論では、**囚人のジレンマ**（Part 6参照）というゲームで説明することができます。短期か長期か、協調すべきか裏切るべきか、果たしてどこまで競争したらよいのかということをゲーム理論は示唆します。

❖デファクト・スタンダード確立競争

競争の結果、異なる規格が1つに収束するのがデファクト・スタンダードの成立です。プレイヤーがばらばらの規格ではなく、同一の規格を選択するに至る理由は、**男と女のバトル**というゲームの構造に表われています。そのゲームを調べることで、現実の行動に対する示唆を得ることができます。

❖元請けと下請けのゲーム

元請けと下請け企業が、効率を上げるための施策を考えています。統合するとどのような利点と不利な点が生じるか、統合を進めるにはどうしたらよいか、統合した後で不都合な問題は起きないか、ということをゲーム理論は解明します。

❖労使交渉

労使の賃金交渉は交渉ゲームと考えられます。双方協力して得られた余剰（「余剰」については後述します）をどう分配するかという問題です。

交渉における原則を踏まえることで、いつどのくらいの余剰を得るのが妥当かということがわかります。それを大きく逸脱しない範囲で、余剰を得るように行動すべきことがゲーム理論により示されます。

❖貿易

貿易は歴史的に「保護主義」と「自由主義」のせめぎ合いです。自国の産業を守りながら、自由貿易の利益も享受したいという虫のよい考えは通用しないでしょう。

❖スポーツ

野球での打者と投手の一騎打ちは、球種とコースを互いに推測し合うゲームです。テニスは、サーブをどこにどのような球種で打つか、相手が返してきたボールをどの程度の強さで相手コートのどこへ打ち込むか、という戦略を競うゲームと言えます。

ポイント制の格闘技であれば、自分が得点をリードしているときと、されているときとでは戦い方を変えるのが賢明です。サッカーでのペナルティーキックでは、どちらの方向へどのくらいの強さでボールを蹴るか、というキッカーとゴールキーパーとの読み合いゲームとなります。ゲーム理論を用いることで、読み合いを制する戦略を考えることができます。

❖政治

選挙は、どのような政策が投票者にアピールするかを競って当選を争うゲームです。どの政策を提示すべきかをゲーム理論は明快に答えてくれます。

連立政権が成立したときは、弱小政党でも、政党間の力関係を利用することで議席数以上の力を持つことができます。コストをかけて第1党を狙うより、キャスティングボートを握る立場を狙うほうが有利なことがあり得るのです。

❖投票術

自分が押す候補を支持することが、投票のルールによっては自分にとって有利にならないことがあります。自分の選好順序を正しく述べたほうがよいときと悪いときとがあるのです。それをうまく使い分けて投票することで有利な結果を得ることができます。それはどんなときかをわきまえておくことが重要です。

❖国際政治

地球温暖化の深刻な影響が明らかに予見されているにもかかわらず、各国で一致した行動がなかなか取れないのもゲーム理論で説明可能です。**共有地の悲劇**（Part 7参照）と呼ばれるモデルです。共有地の悲劇の回避法が対策を立てる上で参考になるでしょう。

❖オークション

オークションに参加する場合は、どのような戦略で臨むと有利かが最大の関心事です。オークションのルールによって、どう戦略を変えるべきでしょうか。オークションの理論は、他の経済問題を考えるときにも応用されています。

❖自治体と住民とのゲーム

ごみ処理場建設、公共施設（公民館、プール、図書館）建設の是非、施設利用費の設定問題なども、ゲーム理論が応用されます。

また、費用を負担せずに結果を享受する**フリーライダー問題**（Part 9参照）が公共財にはつきものです。この問題のありかを探る上でも、ゲーム理論は役立ちます。

コラム

ゲーム理論の誕生と発展者

ゲーム理論の黎明

1928年は、ゲーム理論にとって重要な記念すべき年です。この年、ハンガリー生まれの数学者ジョン・フォン・ノイマンがゲッティンゲン大学の雑誌に「社会的ゲームの理論について」という論文を発表しました。この論文でゼロ和２人ゲームのミニマックス定理が初めて証明され、戦略形n人ゲームの定式化、提携の概念、マックスミニ値を用いたゲームの特性関数の概念、ゼロ和３人協力ゲームの分析など、ゲームの基本的概念をすべて提示する画期的なものでした。

一方、オーストリアの経済学者モルゲンシュテルンは、1935年に「完全予見と経済均衡」を発表しました。そして翌年、あるセミナーに出席し、前年の自分の論文について報告したときに、同席していた数学者から、「それは1928年にフォン・ノイマンが発表した論文と同じだ」と指摘されたのです。

やがてモルゲンシュテルンとフォン・ノイマンはゲーム理論の共同研究をはじめ、1943年１月１日に『ゲームの理論と経済行動』の原稿が完成し、翌1944年９月18日に出版されました。

ゲーム理論を発展させた男

ジョン・フォーブス・ナッシュは、1928年生まれのアメリカの数学者です。ナッシュの数学力は大したもので、大学院入試の推薦状には担当教授からただ一文「この男は天才である」とだけ書かれていたと言います。

ナッシュが在籍した当時のプリンストン大学にはフォン・ノイマンがいました。ナッシュは1949年10月、フォン・ノイマンに会っています。ナッシュは自分が考えたナッシュ均衡のアイデアをゲーム理論の大御所に直接提示しましたが、２人の人間に対する見方は正反対で、そこから引き出される行動原理もまったく相容れないものでした。

ナッシュは学びすぎると創造性を損なうと考え、本を読むことを嫌いました。いつも何かを考え、独り言を言い、メモを取り、そこから考えを組み立てていくことを好んでいたのです。人に質問をして、その話合いから知識を吸収し、考えを発展させていくという方法を取りました。

ナッシュには同性愛的傾向があり、ランド研究所の地位もそのために失ったと言われています。30歳頃から精神病を発病し、彼の才能を惜しんだ人たちの好意によって研究の職は提供されましたが、病状が悪化したときのさまよえる様を「幽霊」とあだ名されたほどでした。しかし30年近くの闘病後、奇跡的に回復しました。

Part 2

ゲーム理論の基礎を押さえよう

2-1

4つの要素がゲームを構成している

ゲーム理論では、複雑な現実の行動を順序正しく考えていくために、いったん**単純な要素に分解**して、その要素に着目して分析します。

ゲームを分解する視点

物事には無限の見方があり得ます。ゲーム理論は物事に1つの視点を与え、何を問題にしているかということを見極め、関係する要素を絞り込み、関係ない要素は捨ててしまいます。

たとえば、駅からホテルへの道順を知りたいときは、そのホテルの沿革や、ホテルのオーナーが誰であるかを知る必要はありません。駅とホテルの位置関係と、道順や目印となるものを知りさえすればよいのです（図表2―1）。

単純化する技術

物事を単純化するためには、次のようなことを考えます。

- 何を問題とするか
- 考える範囲はどこからどこまでか

2-1　A 駅から B ホテルへの道順を知るのに必要な要素

不必要な要素
・ホテルの沿革
・ホテルのオーナー　など
A駅
D銀行
Cホテル
デパート
交番
Bホテル
必要な要素
・A駅とBホテルの位置関係
・道順
・目印　など

・必要なゲームの要素は何か
・それで十分か、他に必要な要素はないか
・前提は何か

ゲームを構成する4つの要素

ゲーム理論では、ゲームを次の4つの要素に分解できるとします。

①プレイヤー
②戦略
③利得
④情報

ゲームを構成するそれぞれの要素について見てみます。

①プレイヤー

誰の助けも借りず、独自に判断して行動を決定できる人や組織のことを**プレイヤー**と呼びます。ゲーム理論では、1プレイヤーを1人と数え、一般的な人数のことを*n*（エヌ）人と言います。

プレイヤーの数が2のゲームを**2人ゲーム**、3ならば**3人ゲーム**、一般的には***n* 人ゲーム**となります（図表2―2）。

ゲーム理論においてプレイヤーは、**合理的**に行動することを前提とします。合理的とは、次のようなことが成り立っている状態です。

・十分な推理能力や判断力を持っている
・考え違いや思い違いはしない
・自分の利得が最大となるように行動する
・自分の損になる行動はしない

合理的と前提されるプレイヤーは、「インセンティブ」により行動を起こします。インセンティブとは、

2-2　ゲームの要素として重要なプレイヤーの数

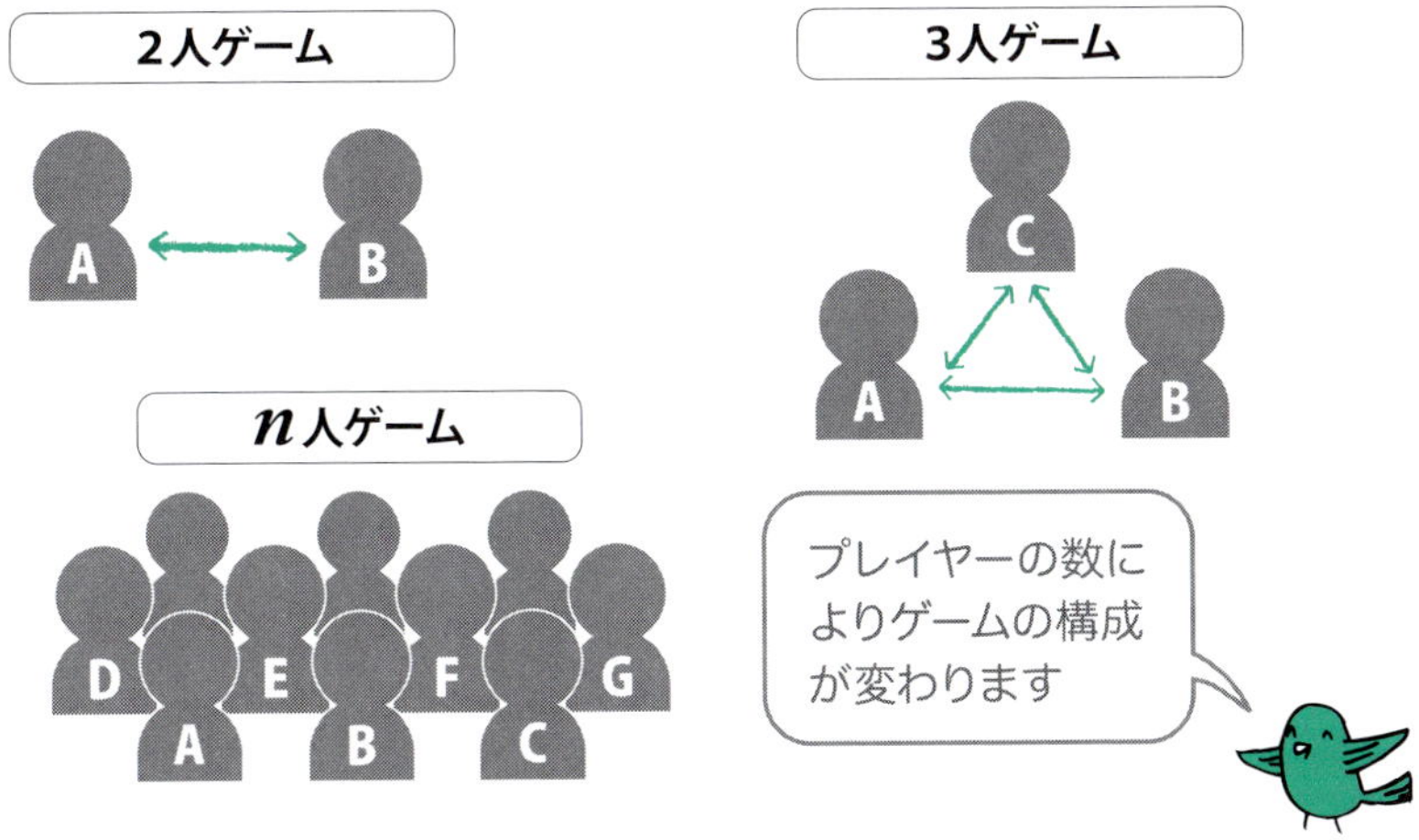

プレイヤーが行動を起こす理由や原因となるものです。

プレイヤーのインセンティブをうまく引き出せる仕組みを考え出すことが、ゲームに勝つ〝コツ〟になるのです。

②戦略

戦略とは、ゲームのなかでプレイヤーが自分の目的を実現するためにどのように行動するかという**計画**のことです。

ゲーム理論における戦略とは、他のプレイヤーの行動を読んで、ゲームを開始する前にそれぞれの他のプレイヤーの行動にどう対応し、行動するかをあらかじめすべて決めておくものです。その上で自分にとって、どの戦略を最終的に選ぶのが最善かということを考えます。

相手が実際に取った行動を見てから、臨機応変に最初に考えていた行動を変えることはありません。相手がどの戦略を取るかを十分に読みきって、自分の戦略を決めているからです。

③利得

各プレイヤーが戦略を決めたとき、そこで自分の得る利益や損害などを数値化して評価したものを**利得**と言います。

利得の例としては、プレイヤーが企業ならば、「営業利益」が挙げられるでしょう。しかし、キャンペーンなどをゲーム理論で分析する場合は、「顧客獲得数」を利得としてもよいのです。この場合、企業は顧客獲得数を最大にするための戦略は何かを探ることになります。そのゲームにおいて、**何を問題とするか**によって、利得としてふさわしいものを選択することになるのです。

④情報

ゲームは、プレイヤー自身、あるいはプレイヤー間で知識の量や状態がどうなっているかという**情報**の状況によって異なります。

本書の前半では、プレイヤーが互いに相手の情報を読みきれていることを前提に話を進めていきますが、後半では、情報特有の問題を考えていきます。

なぜプレイヤーは合理的なのか？

なぜ、ゲーム理論において、プレイヤーは「合理的」であることを前提とするのでしょうか。人間はそんなに合理的でないというのが常識だと思います。すると、**ゲーム理論はあり得ないことを前提に組み立てた「机上の空論」なのではないか**と思いませんか。

ゲーム理論では、プレイヤーが合理的であると前提することで、相手が賢明である場合の行動を予測するのです。

相手の行動が予測できれば、それに対処する方策を立てられます。もっとも手強い相手（賢明な相手）に対する最善の戦略を知ることができれば、より劣る相手にはさらに有利な戦略を選択できるでしょう。

実際に突拍子もないことをする人がいても、大勢の人のことを考えて、その平均的な行動を見てみると、だいたい合理的と思われる行動を取るという経験的事実が、ゲーム理論で前提の理由なのです。

2-2 ゲームのルールとゲームの類型について知ろう

ゲームにはルールが必要

どのような環境や情報のもとで、どんなプレイヤーがいて、どんな戦略を持ち、戦略を選んだ結果どれくらいの利得を手に入れられるのか、ということを決めたものを**ルール**と呼びます。

ルールが決まれば、起こり得るゲームはすべてそのルール内で許される動きの組み合わせになります。つまり、ゲームを規定しているのはルールなのです。「ゲームとは何か?」と問われれば、「ルールのことだ」と答えることができます。

たとえば、野球、サッカー、テニス、相撲などのスポーツや囲碁、将棋、チェスや人生ゲーム、すごろく、バックギャモンなどのボードゲームのルールと、それら実際のゲームの内容を見れば、納得してもらえるでしょう。

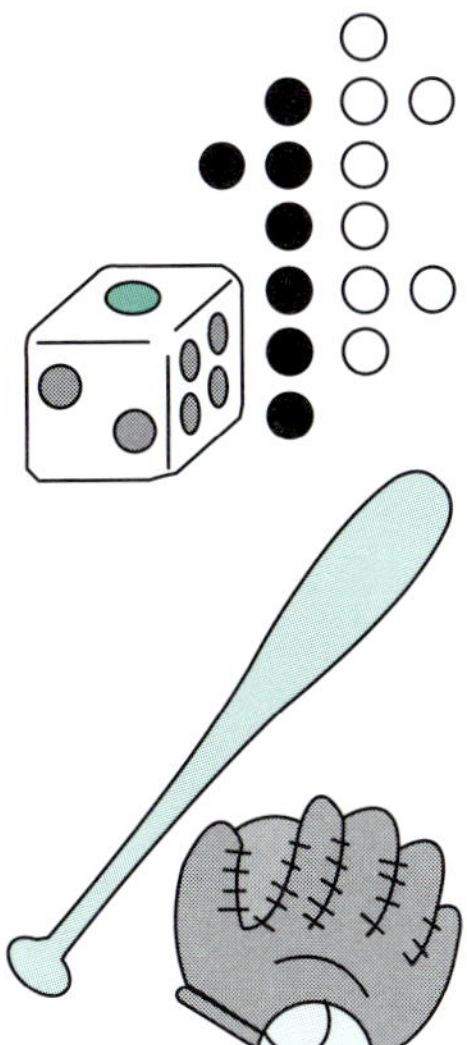

ゲームの進み方の2類型

ゲームの進み方には基本的に2類型あります。プレイヤーが同時に行動を取る（例　ジャンケン）か、交互に行動を取る（例　将棋）かです。行動を選択する機会のことを**手番**と言います。

プレイヤーが同時に行動を取るゲームを**同時手番ゲーム**、交互に行動を選択していくゲームを**逐次手番ゲーム**と呼びます（図表2―3）。

また、これらの混合形として同時に行動を取った後に、交互に行動を取る局面を迎えるゲームなども考えられます。

選択結果を知っているかどうかによる2類型

プレイヤーが互いに、はじめからいままでどのような行動を取ってきたかを把握しているゲームを**完全情報ゲーム**と言います。将棋は互いに指した手や持ち駒を知っているので完全情報ゲームです（図表2―4）。

完全情報ゲームでないものを**不完全情報ゲーム**と言います。すなわち、相手の選択肢はすべてわかっているのですが、そのどれを取ってくるかはわからないゲームです。ジャンケンは、相手がグー、チョキ、パーのうち、どれかを出すことをプレイヤー同士は知っていますが、そのどれを出すかは互いにわからないので不完全情報ゲームです。

2-3 「同時手番」と「逐次手番」ゲームの違い

同時手番ゲーム

プレイヤーが同時に行動を取る

逐次手番ゲーム

プレイヤーが交互に行動を取る

2-4 「完全情報」と「不完全情報」の違い

完全情報ゲーム

プレイヤーが互いの行動を
把握している

不完全情報ゲーム

プレイヤーは互いの選択肢を
知っているが、相手がどれを選
択するかを知らない

Part 3

ゲーム・モデルをつくる

3－1

ゲーム・モデルをつくるために ルールをつくろう

さまざまな事例に基づいてゲーム・モデルをつくる練習をしてみましょう。

ルールを明らかにする

「ゲームをつくる」というのは、「ルールを決める」ことです（Part 2参照）。

ルールをつくるためには、ゲームの構成要素に着目します。ルールを決めるための問いを箇条書きにすると、次のとおりになります。

①どんな環境や状況か
②プレイヤーの目的は何か（例「すごろく」ならば1番早く上がること）
③プレイヤーの行動を制約する条件は何か
④プレイヤーは誰か
⑤それぞれの戦略は何か
⑥利得はいくつか
⑦情報はどうなっているか

次のような「企業の価格戦略」の事例があるとしましょう。求めたいものは何かということを考えて、それに沿ってゲームの要素を抽出し、ルールを明らかにしてみます。

事例3-1 企業の価格戦略

スーパーマーケットAとBは、互いにメーカーX社から同じ製品を同じ仕入値で扱っている。製品や販売時の応対、アフターケアなどに差はなく、違うのは販売価格だけ。消費者は1000人、仕入値は1個当たり50円。簡単化のため経費は0とし、販売価格の選択肢は1個90円か100円かをAとBが決定。消費者は値段が安いほうを買い、値段が同じ場合は両スーパーとも半数の500人の顧客を獲得する。両スーパーは利潤を最大にしたいと思っている。

この事例からゲームのルールを整理してみましょう。

①環境：通常の販売環境
②目的：利潤を最大化すること
③制約条件：
・製品・サービスなどに差はない
・仕入値は1個当たり50円
・経費は0
・消費者は安いほうを買う。同じ値段のときは、半数ずつに分かれる
④プレイヤー：スーパーマーケットAとBの2人
⑤戦略：どちらのプレイヤーも次の2つの戦略を持つ
・販売価格を1個90円とする
・販売価格を1個100円とする
⑥利得：利潤は「総販売額－総仕入額」となり、この利潤の単位（この場合は「円」）を取り去った数値を利得とする

事例3－1は、以上の「2人ゲーム」となります。

ゲームの表わし方（戦略形・展開形表現）

ルールが明らかになればゲームは決まりますが、ゲームの特徴や性質を調べていくために、ゲームがどのように進行していくか、どのプレイヤーがどんな考え（戦略）を取ると、利得にどのような影響を与えるか、がわかるようにゲームの表わし方を工夫することにします。

ゲームの表わし方のうち、戦略と利得の関係を関数で表わす**戦略形表現**（**標準形**とも呼びます）と、プレイヤーの一連の手番のつながりを表わした**展開形表現**（**ゲームの木**とも呼びます）を本書では紹介します（図表3－1参照）。

ここでは、「2人ゲーム」の戦略形表現を説明します。展開形表現についてはPart 10で詳述します。

1番簡単な2人ゲームを戦略形表現で表わすときは、表を描くのが便利です。表には、「プレイヤー」「戦略」「利得」などの情報を書き込むので、この表を見ればゲームの主要要素がすべてわかります。これを**利得表**と言います。

利得表の描き方

事例3－1から利得表をつくってみます。

❶図表3－2のように四角形を直線で仕切った図形を描きます。区切られた矩形《くけい》を**セル**と呼びます。

❷左側の辺（イ）と上側の辺（ロ）のセルにプレイヤーの名前を書き込みます。通常、（イ）は「プレイヤーA」、（ロ）は「プレイヤーB」となります。事例3－1では、（イ）を「スーパーA」、（ロ）を「スーパーB」とします。

❸（あ）と（い）のセルにプレイヤーA（スーパーA）の「戦略」を、そして、（か）と（き）のセルにプレイヤーB（スーパーB）の「戦略」を書きます。（あ）と（か）を「価格100円」、（い）と（き）を「価格90円」とします。

❹（a）（b）（c）（d）のセルに「利得」を書き入れます。

3-1　ゲームの表わし方

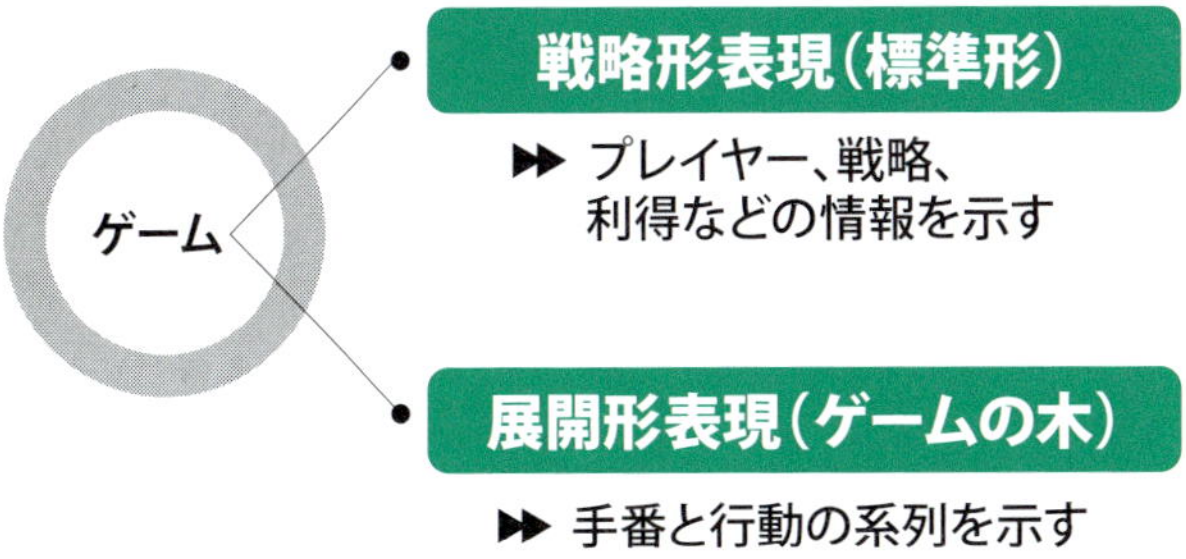
ゲーム
戦略形表現（標準形）
▶▶ プレイヤー、戦略、
利得などの情報を示す
展開形表現（ゲームの木）
▶▶ 手番と行動の系列を示す

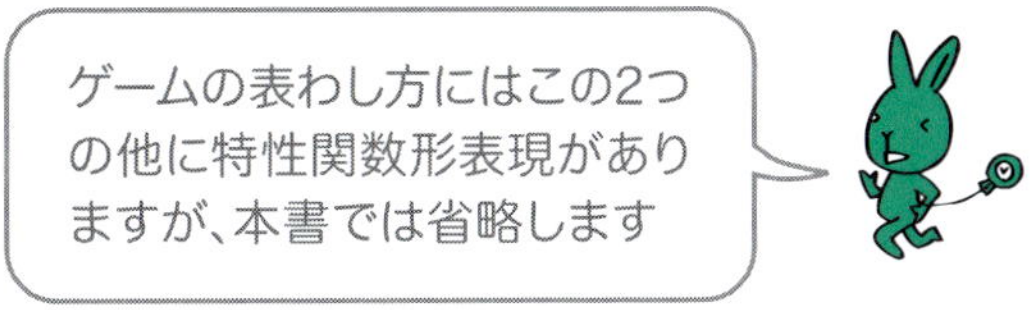
ゲームの表わし方にはこの2つの他に特性関数形表現がありますが、本書では省略します

3-2　利得表の元表

		ロ	
		か	き
イ	あ	a	b
	い	c	d

1つの区切られた矩《く》形《けい》を「セル」と呼びます

（a）には、スーパーAが100円の戦略、スーパーBが100円の戦略を取ったときの利得を書きます。

（b）には、スーパーAが100円の戦略、スーパーBが90円の戦略を取ったときの利得を書きます。

（c）には、スーパーAが90円の戦略、スーパーBが100円の戦略を取ったときの利得を書きます。

（d）には、スーパーAが90円の戦略、スーパーBが90円の戦略を取ったときの利得を書きます。

2人のプレイヤーの利得を同じセルに書き込むときは、左にプレイヤーA（スーパーA）の利得を置き、右にプレイヤーB（スーパーB）の利得を並べて、コンマで区切って示します。

事例3―1からつくった利得表が図表3―3です。

（a）（b）（c）（d）の各セルの利得は、図表3―4のように算出します。

3-3　事例 3-1 からつくった利得表

		スーパーB	
		価格 100 円	価格 90 円
スーパーA	価格100円	25000,25000	0,40000
	価格90円	40000,0	20000,20000

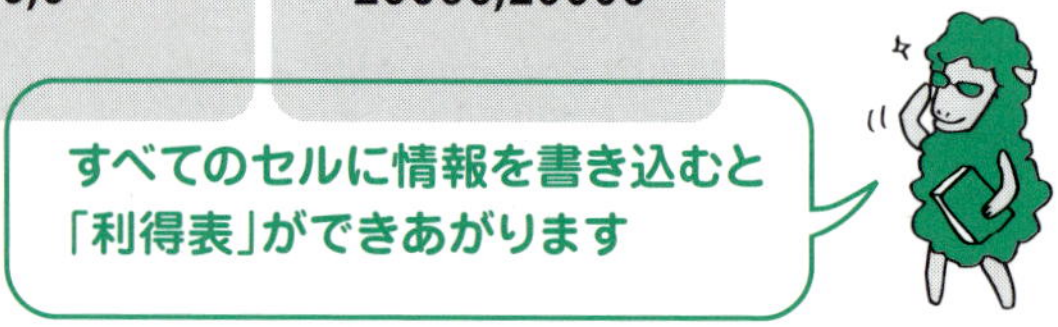
すべてのセルに情報を書き込むと
「利得表」ができあがります

3-4　事例 3-1 の利得を算出する方法

利得（利益） ＝ **総販売額** − **総仕入額**

（「円」を取った数値）

◉スーパーAが販売価格を「90円」にしたときにいくらの利得があるか

スーパーBがどの戦略を取るかによって、スーパーAの利得は変わります。そこでスーパーBが「90円」とした場合と「100円」とした場合とに分けて考えてみます。

▶スーパーBが「100円」にした場合

消費者は安いほうを買うので、
1000人がスーパーAの商品を買い、
スーパーBでは誰も買いません。

このときのスーパーAの利益は

90×1000−50×1000＝**40000円**

		スーパーB	
		価格 100 円	価格 90 円
スーパーA	価格100円	25000,25000	0,40000
	価格90円	**40000,0**	20000,20000

▶スーパーBが「90円」にした場合

消費者の500人はスーパーAで商品を買い、
別の500人はスーパーBで買います。

このときのスーパーAの利益は

90×500−50×500＝**20000円**

		スーパーB	
		価格 100 円	価格 90 円
スーパーA	価格100円	25000,25000	0,40000
	価格90円	40000,0	**20000,20000**

同じように、スーパーAが販売価格を「100円」にしたとき、スーパーBが「100円」の場合、スーパーAの利益は25000円、「90円」の場合は0円となります。

3－2

利得はプレイヤーの価値を反映する

利得の算出についてさらに考える

事例3─1のケースでは、通常の価格戦略なので利益を利得に取ればよいでしょう。しかし、利得を金額に換算できないケースもあります。そこで、利得についてさらに考えてみることにします。

❖利得を求める方法はいくつかある

結論から言うと、利得は複数の選択肢（戦略）を共通の尺度で合理的に比較できればよいのです。

たとえば、企業業績として損益計算書の「経常利益」を利得として取ることもできます。勝ち負けが明確なスポーツの試合では、勝ったほうがよいという価値を反映させて、「勝ち」に1を、「負け」にマイナス1を利得として割り振ると、わかりやすいでしょう。

仕上げる時間が問題となるようなケースは、時間を利得の尺度として、1時間で仕上がった場合の利得を1とすれば、2時間かかった場合の利得を0・5というように設定すればよいことになります。

しかし、現実の問題のなかには、簡単に利得を算出できない場合もあります。そのようなケースのために、一般的な算出手順を試案として示しておきますので、工夫して使ってみてください。

❖目的を決める

プレイヤーが何を目的とするのかを明確にします。利益を目的にするのか、最短時間で目的地に到達することかをはっきりさせます。目的を決めることによって選択肢を比較する基準を定めることができます。目的があいまいなままだと正確な比較ができません。

❖制約条件を定める

その目的を遂げるために、制約となる条件を求めます。ある地点に最短時間で行く道筋を求めることを目的としている場合、いくらお金がかかってもよいとするのか、1万円以内で実現可能な手段を使って移動するのか、鉄道なら特急を使うことも許すのかなど、選択にあたって守らなければならない条件があるはずです。

これらの条件を列挙することによって、制約条件を調べます。

❖評価項目を選定する

本書で取り上げる事例では、簡略化のために評価項目を2、3項目にしています。実際に応用するときには、解きたい問題に応じて増やすとよいでしょう。ただし、ゲームの問題の構造を簡明に知るためにモデルをつくる場合には、項目数を多くすると、かえって把握しにくくなるので、注意してください。

❖評価項目のウェイト付けをする

評価項目の相対的な重要度を反映させるために、ウェイト付けをします。ウェイトは重要度が高い順に大きい数字を割り振ります。

例（4段階にウェイト付けした場合）

重要度	最重要	普通	やや軽視	軽視
ウェイト	10	5	4	1

例（5段階にウェイト付けした場合）

重要度	最重要	重要	普通	やや軽視	軽視
ウェイト	5	4	3	2	1

評価項目に評価点を付ける

各評価項目に評価点を付けます。評価点にはマイナスの数値があってもかまいません。

例

評価	よい	ややよい	普通	やや悪い	悪い
評価点	3	2	1	0	-1

例（勝負ごと）

勝敗	勝ち	負け	引き分け
評価点	1	-1	0

利得を算出する

各評価項目ごとに、評価点にウェイトを掛けた点を求め、その総合計を算出します。それがその選択肢から得られる利得となります。

次の事例3－2は、1人だけの意思決定のようなケースでも、利得を算出することで明確に決定ができることを示すものです。

事例3-2 不動産お部屋探しの評価

不動産屋の窓に張り出してある物件を見て、入居先を決めかねている女子学生がいる。

「A物件は大学に近いけど家賃が高いわね。利便性はややよいといったところかしら」

「B物件は通うには遠いけど家賃が安いわね。利便性は普通かしら」

「C物件は中間の距離だけど、しゃれたお店が多いし、利便性は最高ね。家賃も普通かしら」

この3つの物件から女子学生が最善の選択をするにはどうしたらよいか。

この事例を解くためには、まず女子学生の価値観を明らかにする必要があります。この女子学生は、「家賃」を最重要のウェイト基準と考え、「利便性」はやや軽視、「距離」は普通としているとします。すると、各物件の利得表は、図表3－5のようになります。

3つの物件の利得を比較してみると、Bが29、Cが27、Aが23となるので、利得が最大であるB物件が最善の物件となります。

3-5　女子学生の各物件の評価表

A物件

評価項目	ウェイト	評価点	ウェイト付けした評価点
家賃	10	0	0
利便性	4	2	8
学校からの距離	5	3	15
		利得	23

B物件

評価項目	ウェイト	評価点	ウェイト付けした評価点
家賃	10	3	30
利便性	4	1	4
学校からの距離	5	-1	-5
		利得	29

C物件

評価項目	ウェイト	評価点	ウェイト付けした評価点
家賃	10	1	10
利便性	4	3	12
学校からの距離	5	1	5
		利得	27

B物件 29　＞　C物件 27　＞　A物件 23

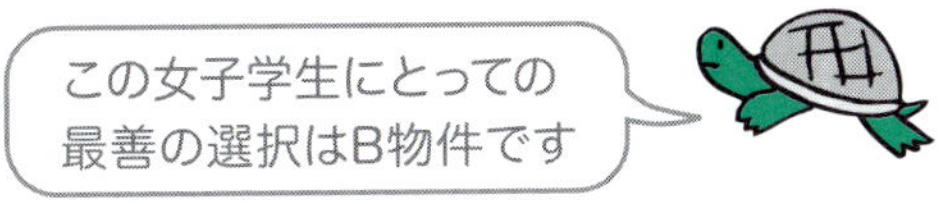
この女子学生にとっての
最善の選択はB物件です

3-3 事例からルールを考えてみよう

次の事例3—3から、どのようなルールができるかを考えてみましょう。

事例3-3 核戦争の脅威下でいかに生きるか

核戦争がいつ起こるかわからない状況に人間がさらされている。もし核戦争が勃発すれば、核シェルターにいない限り、放射能汚染を受け、遠からず死ぬ。

一般の人間には、「生き延びる少数者に入ると考え行動する」戦略（楽観主義戦略）と「死滅するグループに入ると考え行動する」戦略（悲観主義戦略）というように、日々の生き方で対応するしかない。

核戦争が起こる場合と起こらない場合で、どういう行動原則で生きていけばよいかを問題とする。

楽観主義とは、プラス思考で、傍目には苦境に立たされていると思えても、本人は必ずよくなると信じて、現在を快活に陽気に過ごす生き方。

悲観主義とは、楽観主義と逆の態度で、どんなによい状況でも、こんなことがいつまでも続くものではない、いつかダメになる、人生努力してもムダだ、生きているのはつまらない、と考えたり感じたりする生き方。

偶然に起こること、起こらないことをゲームに取り込むには？

この事例を考える際、核戦争が起こるか起こらないかは、誰が決めるのでしょうか。実際は国家の最高権力者の決定によるものですが、どの国の誰と明確に予想できない場合、一般の人間にとっては、偶然に起こる事態と変わらないと考えてもよさそうです。

この点についてはプレイヤーを工夫することで表現できます。

偶然に起こる、起こらないという事態は、ゲーム理論では**自然**という人間ではないプレイヤーがいて、その事態を起こしたり、起こさなかったりすることを選択決定するとします。

たとえば、コインを投げて裏か表かを当てるゲームを行なう場合には、裏か表かを「自然」というプレイヤーが選び、決定すると考えるのです。このときのゲームのプレイヤーは「人間」と「自然」の2人となります。

プレイヤーの目的

核戦争の事例における人間の目的を「よりよく生きる」ことだと考えて、この目的に沿って、利得の算定などをしていくことにします。

「自然」の目的は、相手プレイヤー（この事例では人間）の目的と反することです。この場合、人間の目的である「よりよく生きる」を妨げることになります。

戦略

「自然」の戦略には、核戦争を「起こす」と「起こさない」があります。一方、「人間」の戦略には、「楽観主義」と「悲観主義」があります。

利得

「人間」と「自然」のそれぞれの利得を算出してみましょう。

①人間の利得

人間が「よりよく生きる」ために考慮すべき項目を

挙げてみましょう。

項目には、「楽しさ」「道徳的正しさ」「満足度」があるとします。

核戦争が起こる場合と起こらない場合の人間の評価点は、図表3―6とします。

「道徳的正しさ」は、環境が変化しても変わるはずのないものなので、核戦争が起こる場合と起こらない場合で同じ評価点です。

核戦争が起こると、物資などの不足や環境の激変で不自由になりますが、楽観主義者は新しい状況においても何事も楽観視しているので、「楽しさ」は減りますが、すぐに順応して「満足度」に変化はないと考えます。逆に、悲観主義者は、死滅する部類に入ると思っているので、「楽しさ」も「満足度」も最低としました。

②自然の利得

次に自然の利得を考えます。人間が得をするときは、自然が損をして、人間が損をするときは、自然が得をすると考えます。完全に対立する場合のプレイヤーの利得は正反対になるので、利得は符号が反対になった数値になります。

「人間」と「自然」の利得を合わせて描いた利得表が、図表3―7です。

3-6　核戦争が起こる場合と起こらない場合の人間の評価点

◉核戦争が起こる場合

評価項目	楽観主義者の評価点	悲観主義者の評価点
楽しさ	2	-5
道徳的正しさ	5	5
満足度	3	-5
評価点（計）	10	-5

◉核戦争が起こらない場合

評価項目	楽観主義者の評価点	悲観主義者の評価点
楽しさ	3	-3
道徳的正しさ	5	5
満足度	3	-3
評価点（計）	11	-1

核戦争が起きても起こらなくても両者の「道徳的正しさ」の評価点は変わりませんが、他の項目で大きな差があります

3-7　「人間」と「自然」の利得表

		自然：核戦争が起こらない	自然：核戦争が起こる
人間	楽観主義	11,-11	10,-10
人間	悲観主義	-1,1	-5,5

「人間」と「自然」は完全に対立しており、利得も正反対となります。つまり、符号が逆になっただけです

利得が完全に反対になるゼロサム・ゲーム

プレイヤーの利害が完全に対立し、相手が損をするときは自分が得をし、相手が得をするときは自分が損をすることになるゲームでは、利得が完全に反対になります。

利得表を見てみると、どのセルでも全プレイヤーの利得を合計すると0になるので、このようなゲームのことを**ゼロサム・ゲーム**と言います。サム（sum）とは、英語で和を意味します。

ゲームによっては、その和が常に一定数のこともあり、そのときは**定和ゲーム**と呼びます。しかし、定和ゲームもゲームの性質としてはゼロサム・ゲームと同じです。プレイヤーの利害が完全に対立する関係なので、定和ゲームのこともゼロサム・ゲームと呼ぶことがあります。

どのセルの和も常には0にはならない、または一定数とはならないゲームは、ゼロサム・ゲームではありません。このようなゲームを**非ゼロサム・ゲーム**と呼びます。

かつて、ゼロサム・ゲームにはフォン・ノイマンが証明した**ミニマックス定理**（48ページ・コラム参照）が成り立ち、非ゼロサム・ゲームはゲームごとに個別に解を求めていたので、特に区別する意味がありました。

しかし、ナッシュ均衡が知られてからは、「ミニマックス定理はナッシュ均衡の特殊なケース」ということがわかり、区別する意味が薄れました。ただし、対立が明白に表われるゼロサム・ゲームは、今日でも何かと取りざたされる用語ですから、しっかりと覚えておきましょう。

「自然」とのゼロサム・ゲーム

「自然」とのゼロサム・ゲームには、他にも次のような事例が考えられます。練習問題として、それぞれの利得表をつくってみましょう（解答例を巻末に示します）。

練習問題①夏の水着の仕入れ

アパレル店の店長の重大な意思決定の1つに、数か月先の流行の予測がある。

今年の夏にどのような水着が流行るかを予測し、セパレーツとビキニをどれくらい仕入れたらよいかを決めなければならない。

仕入値はどちらも２０００円、販売価格はどちらも３０００円。簡単化のため経費は0とし、仕入れはそれぞれ１００着。利得は利益の万円単位を取った値とし、流行する水着以外はまったく売れないとする。

このケースでは、「自然」がどちらの水着が流行するかを決めるプレイヤーとします。

練習問題②エアコンの生産

電気製品メーカーは、今年のエアコンの生産計画を、冷夏か猛暑かを予測し、決定する。

冷夏ならばエアコンは３００台、猛暑ならば１０００台売れる。エアコンの製造原価は1台3万円、販売価格は1台5万円。経費は0とし、メーカーの戦略は「３００台製造」と「１０００台製造」のいずれかだ。利得は利益の百万円単位を取った値とする。

このケースも、自然が冷夏か猛暑かを決めるプレイヤーです。

コラム

ミニマックス定理

　ゼロサム・ゲームにおいて、どのプレイヤーも非常に賢く、相手の弱点を攻め立てることに長けているという前提がある場合には、どんな戦略を取ればよいでしょうか。このような状況においては、勝とうとするよりも負けまいとすることが大事だ、ということを指摘したのが**ミニマックス定理**です。

　ミニマックス定理のポイントは、相手がどんな戦略を取っても、自分は最小の利得だけは必ず確保する戦略を取ることにあります。

　相手の戦略それぞれに対して、自分の取る戦略の利得が決まります。そのなかで最大の利得を得る戦略を自分が取れば、最小限確保できる利得のなかで最大の利得を得ることになります。最大の最小値を見つける戦略です。これをマックスミニ戦略（マキシミン戦略）と言います。そのときの利得をマックスミニ値（マキシミン値）と言います。

　これを相手の側から見ると、ゼロサム・ゲームでは、自分の得は相手の損なので、「相手は最大の損失となる戦略のなかから最小となるものを選べばよい」のです。今度はミニマックス戦略を取ればよいということです。そのときの利得をミニマックス値と言います。

　マックスミニ値とミニマックス値が一致する戦略を双方が取る以外に、双方にとって有利な戦略はあり得ないということを述べたのが、ミニマックス定理です。

Part 4

ゲームの「支配戦略」を見極める

4−1 相手のどんな戦略にも対抗し得る戦略を探る

Part 3では、ゲーム・モデルをつくる過程を見ました。ここでは、ゲームにおいて、最善の意思決定を行なう方法を考えてみます。

相手がいる場合の最善の意思決定

最善の意思決定とは、自分の取り得る選択肢のなかで利得が最大となる戦略を選び出すことです。

しかし通常、ゲームには相手がいるので、自分の最大の利得が実現する保証はありません。相手がどのような戦略を取るかによって、同じ戦略でも利得が変わるからです。

利得が最大となる戦略があるケース

しかし、自分の戦略間の関係をよく見てみると、**相手がどのような戦略を取ろうとも、常に有利となっている戦略があるケース**があります。このような事例を見てみましょう。

Part 3の図表3−3から、プレイヤーA（スーパーA）の利得に注目して図表4−1をつくります。

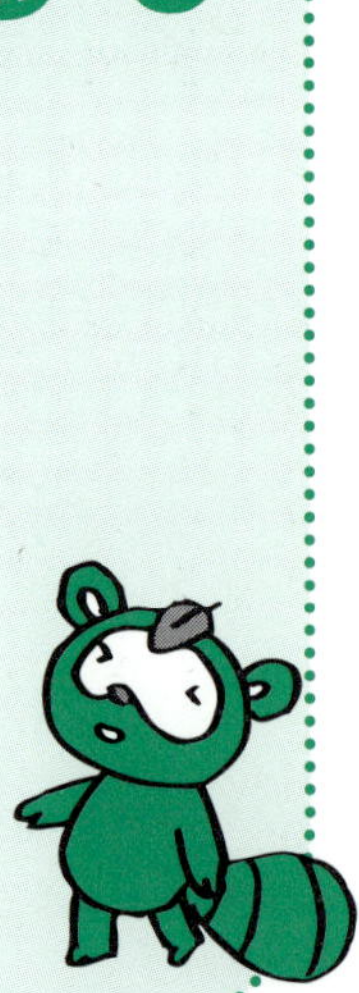

4-1 スーパーAの利得表

		スーパーB	
		価格100円	価格90円
スーパーA	価格100円	25000	0
	価格90円	40000	20000

図表3-3の左側の数字のみを
ピックアップしている利得表です

相手の戦略に対して、自分が持つどちらの戦略が利得が大きいかを比較してみましょう。

たとえば、スーパーBの「１００円戦略」に対して、スーパーAが「１００円戦略」を取ると、その利得は２５０００になります。「90円戦略」であれば４００００です。

スーパーAには、「90円戦略」を取ったほうが大きい利得をもたらすことがわかります。ですから、小さいほうの利得である２５０００を斜線で消しておきます（次ページ図表４－２）。

スーパーBが「90円戦略」を取った場合も、「１００円戦略」の利得０と、「90円戦略」の利得２００００を比べ、同じように小さいほうの利得である０を斜線で消します。

この結果、スーパーAの「価格１００円」のセル両方に斜線が引かれたことになります。つまり、スーパーAにとっては、スーパーBが１００円、90円どちらの戦略を取ってきても、１００円戦略より90円戦略を取ったほうが、常に有利であると言えるのです。

4-2　斜線を引いたスーパーＡの利得表

		スーパーB	
		価格 100 円	価格 90 円
スーパーA	価格100円	~~25000~~	~~0~~
	価格90円	40000	20000

小さいほうの利得に
斜線を引いて消しました

戦略間の支配関係と支配戦略

相手がどのような戦略を取っても、自分の戦略間で常に他よりも利得が大きくなる戦略がある場合、その戦略間に**支配関係**があると言います。

そのとき、「その戦略は他の戦略を**強支配**している」と言い、その戦略を**強支配戦略**と呼びます。事例3ー1の場合、「90円戦略」は「100円戦略」を強支配しています。逆に、このとき「100円戦略は、90円戦略に強支配されている」と言えるのです。

もし、戦略を比較して利得が等しい場合、常に利得が大きいとは言えなくなります。しかし、利得は小さくもないので、その戦略を取らない理由はありません。やはり、一方が他方を支配している戦略と言えるのです（図表4ー3）。この場合は、「弱支配している」と呼び、その戦略を**弱支配戦略**と呼びます。

特に区別する必要がないときには、「強支配している」と「弱支配している」の状態を単純に**支配してい**

4-3 「プレイヤーAの戦略 1」が弱支配戦略である例

		プレイヤーB	
		Bの戦略 1	Bの戦略 2
プレイヤーA	Aの戦略1	10	4
	Aの戦略2	6	4

ると言い、「強支配戦略」と「弱支配戦略」を合わせて**支配戦略**と呼びます。

教訓

・支配戦略があれば、支配戦略を選択するのが最善の意思決定である
・支配戦略を取ったからといって、必ずしも利得が最大になるとは限らない

戦略の絞り込み（支配される戦略は削除する）

事例3―1の戦略は2つでしたが、たとえば、5つの戦略があったとき、それらの戦略の間に支配関係があって、支配される戦略が見つかったとします。

すると、その支配される戦略が採用されることは決してないので、それ以上の検討から外します。残った戦略間に、さらに支配関係があれば、支配される戦略を候補から外していくことによって戦略が絞り込まれ、見込みのない戦略を検討するムダが省けます。

4-2 アレクサンドロス王に学ぶ弱支配戦略

弱支配戦略

「弱支配戦略」となるケースを、アレクサンドロス王の事例から見てみましょう。

事例4-1 アレクサンドロス王の決断

紀元前4世紀、マケドニアのアレクサンドロス王は強大国ペルシアに挑んだが、行軍中に病に伏してしまった。医師らは、失敗したときの責めを恐れ、誰1人治療しようとしないなか、フィリッポスという医者が薬を調合しアレクサンドロス王に勧めた。

しかし、その前に前線の将軍から、アレクサンドロス王宛に「フィリッポスが買収され王の暗殺を依頼されている」という信書が届いていた。

さて、あなたはアレクサンドロス王の立場に立って、フィリッポスの「回復薬を調合」と「毒薬」という戦略に対して、「薬を呑む」「呑まない」という戦略を持つとき、「呑む」戦略を選ぶのは合理的かどうか検討してみてください。

アレクサンドロス王の利得

まず、アレクサンドロス王の利得を求めます。名誉や屈辱などは無視して、「生きる」という項目で評価することにします。「生きる」か「死ぬ」かという一点に絞り、0か1かで評価すると、「死ぬ」を0、「生きる」を1、とするのが妥当でしょう。

フィリッポスが「毒薬」を調合し、それを呑めば死ぬので、利得は0です。フィリッポスが「回復薬を調合」し、それを呑めば治癒し「生きる」ので、利得は1です。

フィリッポスの「回復薬」も「毒薬」も呑まない場合は、いずれにしろ病気が治らず死んでしまい、利得は0です。

こうしてアレクサンドロス王の利得表を作成すると次ページの図表4−4になります。

アレクサンドロス王の利得を比較して、小さいほうに斜線を引いて消します。すると、〔アレクサンドロス王「呑まない」、フィリッポス「回復薬を調合」〕のセルに斜線が引かれた利得表になります（次ページ図表4−5）。

弱支配の関係を見つける

フィリッポスが「毒薬」を献上した場合は、薬を呑んでも呑まなくてもアレクサンドロス王は死ぬことになるので、利得はどちらも0です。利得が同じ場合は、どちらにも斜線は入りません。したがって、この事例では、「呑む」戦略が**弱支配戦略**となっているのです。

「弱支配戦略」は、相手がどの戦略を取っても、他の支配されている戦略よりは利得が大きいか等しくなります。弱支配の関係がある場合は、弱支配戦略を取ることが最善となります。

つまり、アレクサンドロス王の「薬を呑む」戦略

4-4　アレクサンドロス王の事例からつくった利得表

		フィリッポス	
		回復薬を調合	毒薬
アレクサンドロス	呑む	1	0
	呑まない	0	0

利得に大きな差がない利得表ができました

4-5　利得の小さいほうを消した利得表

		フィリッポス	
		回復薬を調合	毒薬
アレクサンドロス	呑む	1	0
	呑まない	~~0~~	0

フィリッポス「毒薬」の戦略には、
利得の差がないので斜線を引けません

は、最善の意思決定であり合理的だったのです。たとえ相手（フィリッポス）が毒を盛る可能性があったとしても、もし回復の薬なら助かる可能性があります。しかし、呑まなければどちらにしろ死んでしまうのです。

なお、プルタルコスの『英雄伝』によれば、フィリッポスに対してのアレクサンドロス王の信頼は揺るぎないものだったので、安心して薬を呑んだということです。

そして、薬が効きはじめると、アレクサンドロス王は、やがて昏睡に至りましたが、すぐに全治し、ペルシア軍を撃破したとのことです。

しかし、普通の人であれば、そんな信書が届いてしまうと、とてもその薬を呑めたものではありません。そこが英雄の底知れない凄みなのでしょう。

教訓

強支配戦略がなく、弱支配戦略がある場合では、弱支配戦略が最善の意思決定となる

Part 5

支配戦略がないゲームの答えを導く「ナッシュ均衡」

5－1

支配戦略がないゲームでは最善の意思決定ができない？

Part 4では、支配戦略があれば、プレイヤーの戦略選択は決まることを見ました。しかし、「支配戦略がないゲーム」も存在します。ここでは、そのときどうやって戦略を決定すればよいかを考えていきます。

犬を誰が散歩させるか

子犬はとてもかわいいですね。しかし、大きくなると、散歩をさせなければなりません。雨の日も、風の日も、雪の日もです。飼いたいとせがんだ子どもに散歩させるべきか、父親が子犬を散歩させるべきか、それが問題となります。「散歩させる」ことは父子にとって負担なので、なるべく避けたいと思っています。

ゲーム理論的な解釈では？

まず、父親と子どもそれぞれの望ましい状態、あるいは何がどのくらい自分にとって好ましいと思えるか（これを**選好**と言います）の順位を考えることにします。

父親と子どもの選好

父親と子どもそれぞれの希望（選好）は、「相手に犬の散歩の役割を負担させ、自分はなるべく散歩させる役割を負いたくない」ということです。その順序を図に表わすと、図表5―1のようになります。

5-1　父親と子どもの選好順位

1位 ▶▶ 相手に散歩させる

2位 ▶▶ 自分が散歩させる

図表5―1の選好順序から、あり得る役割分担については、次の選好順序が成り立ちます。

> 1番望ましいこと：相手が散歩の役割を負う
> 2番目に望ましいこと：相手と自分とで負担する
> 3番目に望ましいこと：自分1人で負担する
> 4番目に望ましいこと（1番望ましくないこと）：どちらも負担しない（散歩の役割を放棄する）

次に、あり得る負担割合に応じた利得を割り振ることにします。

利得の割り当ての基準を、次のようにします。利得の数値は0から10までとし、1番望ましいことに10を、1番望ましくないことに0を、2番目に望ましいことに7を、3番目に望ましいことに3を割り振ります。すると、次ページの図表5―2ができます。

これらをもとに利得表をつくります。まず、父親と子どもの行動を組み合わせたものが次ページの図表5―3になります。

図表5―3のセルに対応するプレイヤーの利得を並べて書いてみましょう。父親の利得を左に、子どもの

5-2　負担割合に応じた利得

順位	利得	
1位	10	相手が散歩させる役割を負う
2位	7	2人で散歩させる役割を負う
3位	3	自分1人が散歩させる役割を負う
4位	0	2人とも散歩させる役割を放棄する

父親と子どもそれぞれの
立場で見ると……

順位	利得	父親の利得	子どもの利得
1位	10	子どもが散歩させ、 父親は散歩させない	父親が散歩させ、 子どもは散歩させない
2位	7	父親と子どもで散歩させる	父親と子どもで散歩させる
3位	3	父親が散歩させ、 子どもは散歩させない	子どもが散歩させ、 父親は散歩させない
4位	0	父親と子ども 両方とも散歩させない	父親と子ども 両方とも散歩させない

5-3　父親と子どもの行動の表

		子ども	
		散歩させる	散歩させない
父親	散歩させる	2人で散歩させる	父親が散歩させ、子どもは散歩させない
父親	散歩させない	父親は散歩させず、子どもが散歩させる	2人とも散歩させない

父親と子どもそれぞれの行動を表に示しています

5-4　犬の散歩の利得表

		子ども	
		散歩させる	散歩させない
父親	散歩させる	7, 7	3, 10
父親	散歩させない	10, 3	0, 0

それぞれの利得を数値で表わすとこのような利得表になります

利得を右に書きます。利得を書き入れた利得表が前ページの図表5ー4です。

図表5ー4のプレイヤー（父親と子ども）それぞれの利得を比較して、小さいほうを斜線で消します。父親の利得表が図表5ー5、子どもの利得表が図表5ー6です。子どもの利得の比較は、縦の列同士で行なうことに注意してください。

支配戦略を探す

図表5ー7から支配戦略（Part 4参照）を探してみると、斜線のないセルを持った戦略が、父親と子どもどちらのプレイヤーにもありません。これは、相手のどんな戦略に対しても等しいか、大きい利得を持った戦略がないことを意味しています。つまり、「支配戦略はない」ということです。

支配戦略があれば、最善の意思決定ができましたが、この散歩の例のように「支配戦略がない」ときには、最善の意思決定はできないということになるのでしょうか。

5-5　犬の散歩の利得表：父親だけの利得を表わしたもの

		子ども	
		散歩させる	散歩させない
父親	散歩させる	~~7~~	3
	散歩させない	10	~~0~~

父親の利得の小さいほうに斜線を引きました

5-6　犬の散歩の利得表：子どもだけの利得を表わしたもの

		子ども	
		散歩させる	散歩させない
父親	散歩させる	~~7~~	10
	散歩させない	3	~~0~~

子どもの利得表にも同様に斜線を引きます

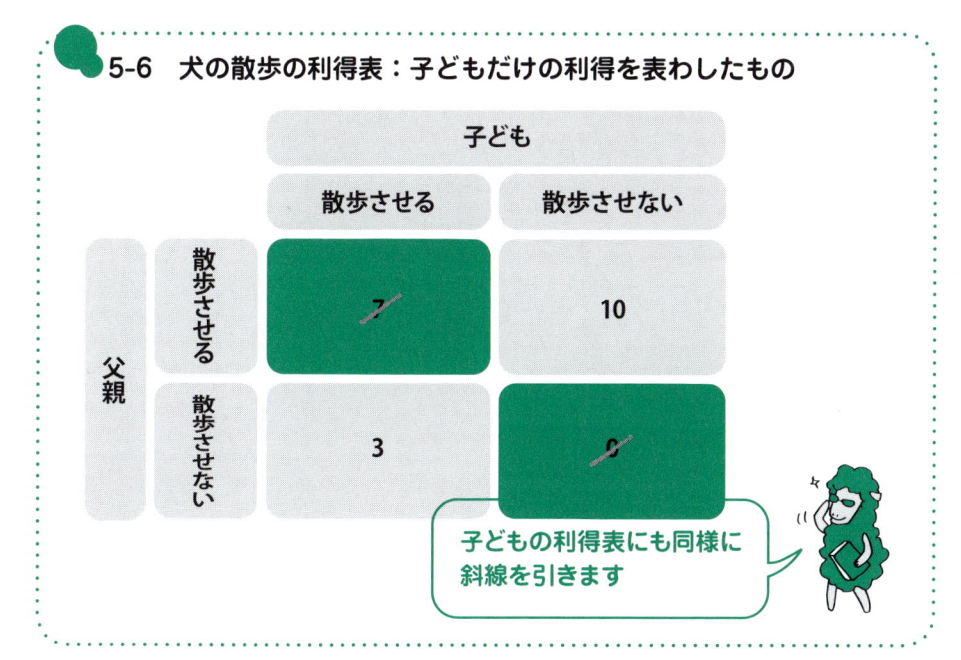

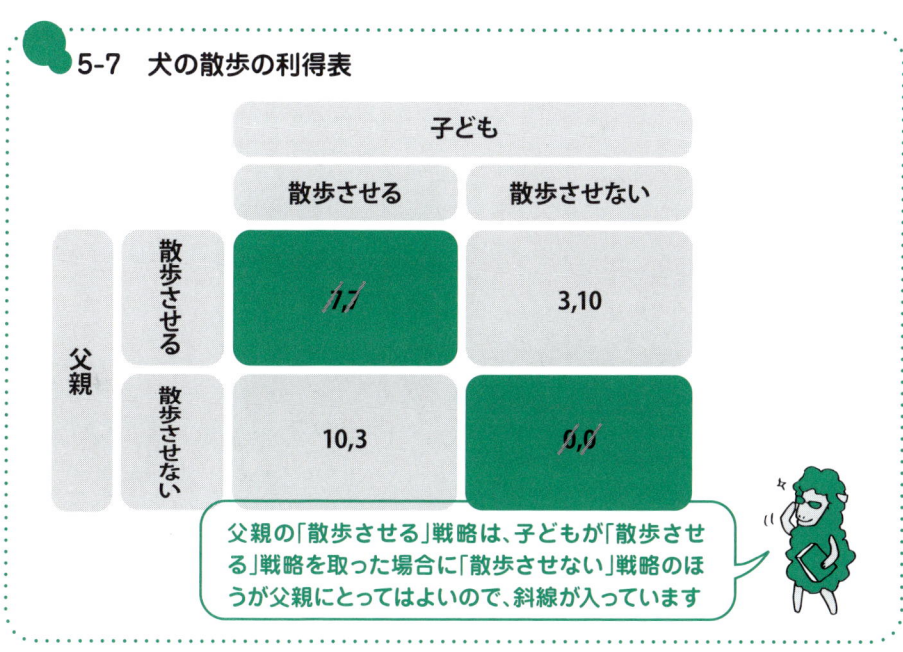

5-7　犬の散歩の利得表

		子ども	
		散歩させる	散歩させない
父親	散歩させる	~~7,7~~	3,10
	散歩させない	10,3	~~0,0~~

父親の「散歩させる」戦略は、子どもが「散歩させる」戦略を取った場合に「散歩させない」戦略のほうが父親にとってはよいので、斜線が入っています

5－2 プレイヤーが互いに最適反応しているナッシュ均衡

ナッシュ均衡がゲーム理論の核心

いよいよゲーム理論の最重要概念である**ナッシュ均衡**を見ていくことにします。

最適反応とゲームの解

相手の想定した戦略に対して、自分の取り得る戦略のなかで、「最大の利得を得られる戦略を選択する」という行動原理を考えてみます。

そのような行動を取ることによって、ゲームがうまく収まれば、その行動原理を選択してもよいと言えるでしょう。ナッシュは、この行動原理を**最適反応**と名付けました。

犬の散歩の利得表（65ページ図表5－7）を見ると、斜線が1本も引かれていないセルがあることに気付きます。このケースでは、2つあります。

この戦略の組合せは、「プレイヤーが互いに最適反応をしている組合せ」ということになります。ナッシュは、このような戦略の組合せを「ナッシュ均衡」と名付けました（図表5－8）。

5-8 ナッシュ均衡

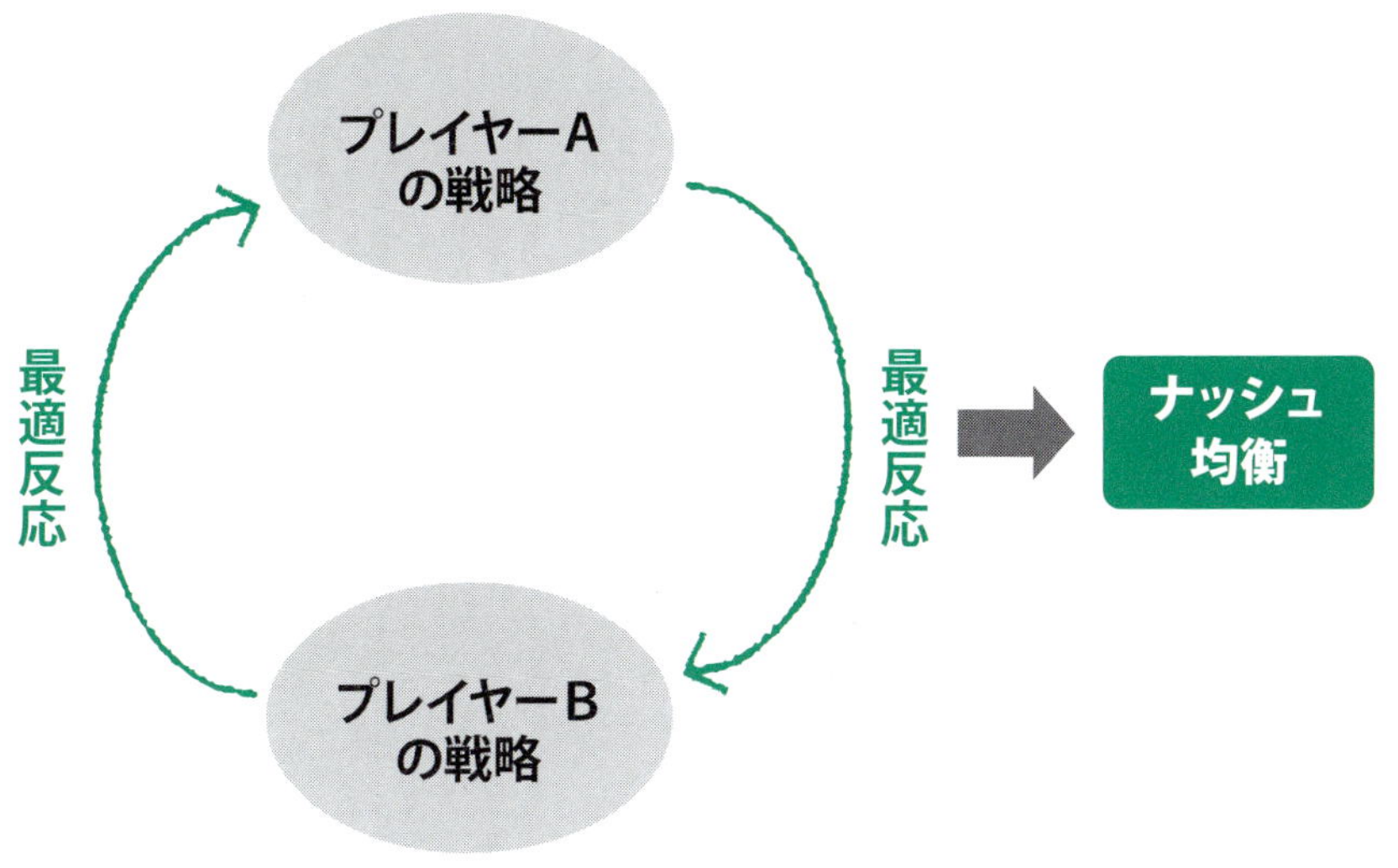

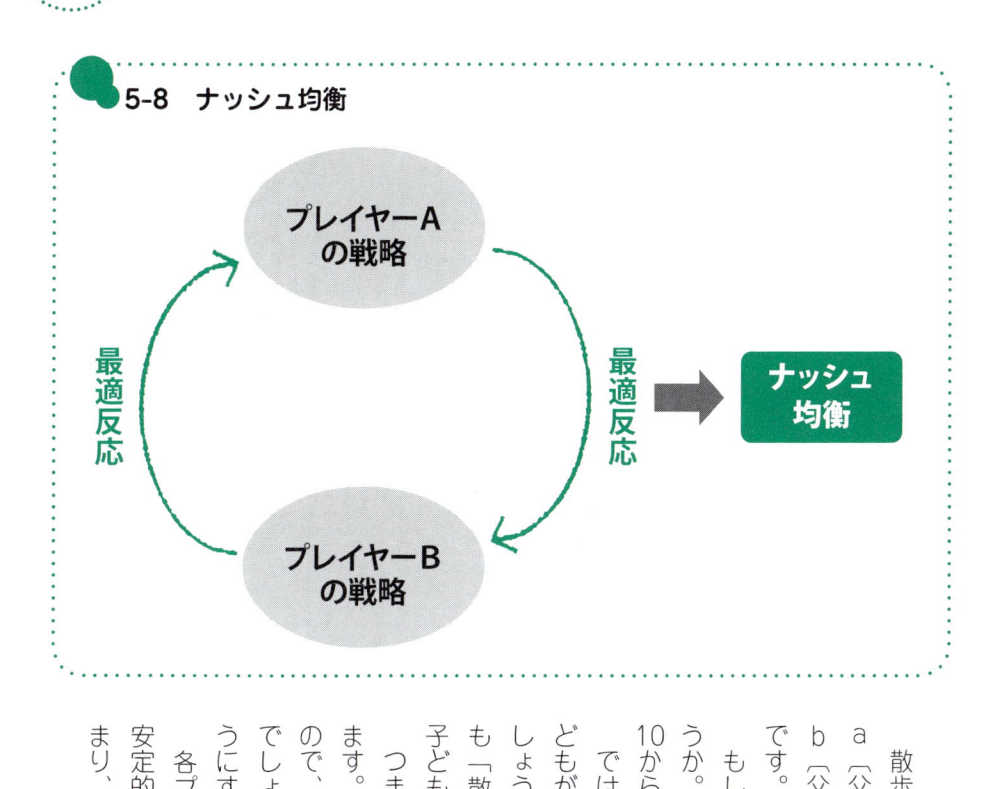

散歩の事例における「ナッシュ均衡」は、
a〔父親「散歩させない」、子ども「散歩させる」〕
b〔父親「散歩させる」、子ども「散歩させない」〕
です。

もし、aが実現するとどのような結果になるでしょうか。父親は「散歩させる」の戦略に変えると利得が10から7に減るので戦略を変えないでしょう。

では、父親が「散歩させない」の戦略のときに、子どもが「散歩させない」の戦略を取ったらどうなるでしょうか。そのときは、〔父親「散歩させない」、子ども「散歩させない」〕なので、利得は（0，0）で、子どもの利得は3から0に減ってしまいます。

つまり、aの状態から外れると2人とも利得が減ります。利得を減らす行動に出ることは合理的ではないので、2人ともこの戦略選択から離れようとはしないでしょう。1度均衡になっても、それから外れないようにする作用がある状態を**安定的である**と言います。

各プレイヤーが取るべき戦略の組が決まっており、安定的である状態のことを**ゲームの解**と言います。つまり、aは「ゲームの解」となっています。

bについても考えてみると、bもaと同じように「安定的である」と言えます。この場合、bも「ゲームの解」となっているのです。

つまり、このゲームには、「ゲームの解」として2つの「ナッシュ均衡」があります。ただし、どちらが実現するのかは、理論的に断言できません。

ナッシュ均衡の特徴

ナッシュ均衡には、次のような特徴があります。

- 各プレイヤーが合理的に行動した結果である
- 最適反応によりもたらされる
- 安定的である

教訓

・支配戦略がなくても「ナッシュ均衡」があれば、「ゲームの解」となる
・「ナッシュ均衡」は複数あることがある

どんなときもナッシュ均衡は存在するのか？

ここで疑問となるのは、ゲームにおいてナッシュ均衡はいつでも存在するのかということです。

ナッシュ均衡が存在するかどうかは、利得を比較することでわかります。図表5－9の利得表からナッシュ均衡を求めてみましょう。

散歩の事例と同じように、利得の小さいほうに斜線を入れてみます。

すると、どの戦略の組合せにも斜線がないものはありません。すなわち、このゲームではナッシュ均衡が存在しないのです（図表5－10）。

これは困ったことです。この難題を、「戦略の考え」を拡張することで切り抜けることにします。それが次で述べる「混合戦略」です。

5-9　ナッシュ均衡があるか確かめてみよう

		プレイヤーB	
		Bの戦略1	Bの戦略2
プレイヤーA	Aの戦略1	4,4	3,2
	Aの戦略2	5,2	2,6

この利得表のナッシュ均衡がわかりますか？

5-10　利得の小さいほうに斜線を入れると……

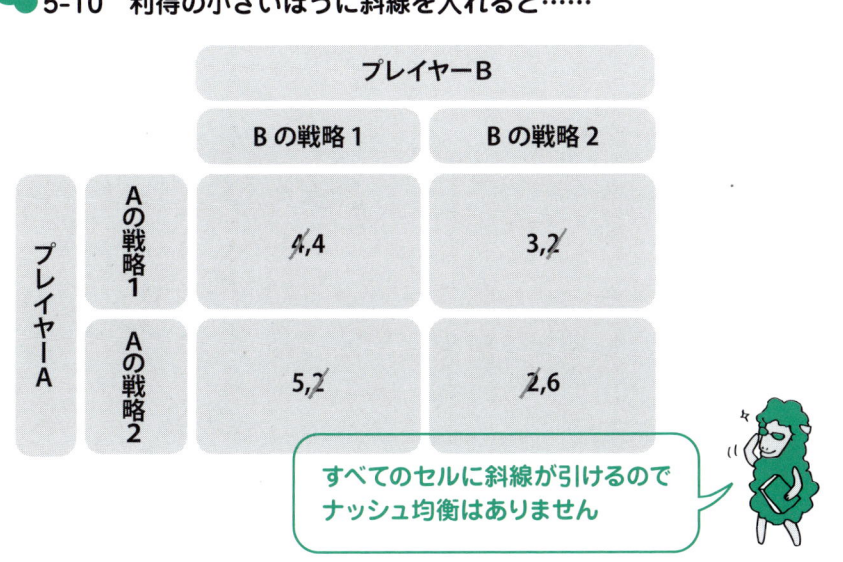

		プレイヤーB	
		Bの戦略1	Bの戦略2
プレイヤーA	Aの戦略1	~~4~~,4	3,~~2~~
	Aの戦略2	5,~~2~~	~~2~~,6

すべてのセルに斜線が引けるのでナッシュ均衡はありません

5-3 混合戦略を取ればゲームには必ずナッシュ均衡がある

混合戦略とは?

ジャンケンでは、相手がグー、チョキ、パーのどれかを出してきます。つまり、プレイヤーの選択肢が3つあるのです。このようなケースのナッシュ均衡がどうなるかを見てみましょう。

ジャンケンにナッシュ均衡は存在するか

ジャンケンの利得表をつくると、図表5―11のようになります。

これまでと同様に、それぞれの戦略の利得を比較して、利得の小さいほうに斜線を入れると、図表5―12のようになります。

図表5―12の斜線を入れた利得表を見ると、「ジャンケンではナッシュ均衡が存在しない」ことがわかります。

もし相手がグーを選択すれば、パーを出せば勝ちます。もし相手がチョキを選択すれば、グーを出せば勝ち、相手がパーを選択すれば、チョキを出せば勝ちます。

5-11　ジャンケンの利得表

		プレイヤーB		
		グー	チョキ	パー
プレイヤーA	グー	0,0	1,-1	-1,1
	チョキ	-1,1	0,0	1,-1
	パー	1,-1	-1,1	0,0

「勝ち」なら1点、「負け」なら-1点、「あいこ」なら0点とし、取った点数を利得としています

5-12　ジャンケンにナッシュ均衡は存在する？

		プレイヤーB		
		グー	チョキ	パー
プレイヤーA	グー	~~0~~,~~0~~	1,~~-1~~	~~-1~~,1
	チョキ	~~-1~~,1	~~0~~,~~0~~	1,~~-1~~
	パー	1,~~-1~~	~~-1~~,1	~~0~~,~~0~~

斜線のないセルがあれば、ナッシュ均衡であり、互いに最適反応をしています。しかし、ジャンケンの利得表には斜線のないセルがありません。つまり、ジャンケンにはナッシュ均衡がないということです（詳しく言うと、純粋戦略のジャンケンにはナッシュ均衡はないということです）

しかし、相手がこの3つの手のどれを出してくるかはわかりません。もしグーを多めに出してくる相手であれば、こちらは相手がグーを出すのと同じくらいの頻度でパーを出せばよいことになります。

結局、どの手も同じくらいの頻度で出すのがよいということになります。つまりグー、チョキ、パーをそれぞれ1／3の確率で出すのがよいことになるのです。

このように、自分の戦略をいままでのようにどれか1つにするのではなく、適当に混ぜ合わせて選択する戦略を**混合戦略**と呼びます。

逆に、いままで解説してきた混ぜ合わせない戦略のことを**純粋戦略**と呼びます。

ナッシュの定理

ナッシュは、有限の数のプレイヤーが有限の数の戦略で混合戦略を取ってもよいことにすると、ナッシュ均衡が必ず存在することを証明しました。これは、**ナッシュの定理**と呼ばれています。

この定理によると、ゲームにはいつでもナッシュ均衡があることになるので、私たちはゲームにおいてナッシュ均衡を探ることで、ゲームの解を求めていけばよいことになります。

そこで以後、特に断らない限り、戦略と言ったときには「混合戦略」のこととします。「純粋戦略」とは、混合戦略の特別なケースだと考えます。

その意味は、ジャンケンの例で言えば、グー、チョキ、パーをそれぞれ1／3の確率で出す混合戦略を先ほど述べましたが、グーを0、チョキを0、パーを1の確率で出す混合戦略というのは、パーだけを出す純粋戦略と同じになるということです。

教訓

・通常のゲームでは、混合戦略まで考えればナッシュ均衡が必ず存在する（ナッシュの定理）
・ゲームの解を求めるためには、ナッシュ均衡を探ればよい

Part 6

最適反応だが最大の利得を得られない「囚人のジレンマ」

6-1

「自白」と「黙秘」、あなたはどちらを選ぶべきか？

囚人のジレンマとは？

「2人ゲーム」で両者が合理的に意思決定したにもかかわらず、両者にとって都合の悪い状況が実現してしまうゲームのことを、ゲーム理論では**囚人のジレンマ**と言います。

なぜ、そんなことが起こるのでしょうか。

事例6-1 囚人のジレンマの原話

2人の泥棒が逮捕された。この2人の囚人（正確には容疑者）は、共謀して強盗事件を起こしていたが、確実な証拠がないため、検察官は強盗事件として起訴はできない状態。

そこで、検察官は囚人の1人ひとりに対し、個別にこう言った。

「おまえたちが重罪を犯していることはわかっている。自白すれば、罰は軽くなる場合もある。それは一方が黙っていて、おまえが自白した場合だ。そのとき、おまえは無罪放免にしてやる。しかし黙っていたほうは、懲役10年の1番重い刑となる。2人とも黙秘をしていれば、こそ泥の微罪で1年の懲役だ。2人とも強盗事件を自白したならば、重罪で7年の懲役とするぞ」

あなたがその囚人であったならば、「自白」すべきでしょうか、「黙秘」すべきでしょうか。

支配戦略は「自白」

この「囚人のジレンマ」の話を利得表にしたのが、図表6―1です。この利得表から、「自白」が支配戦略であることがわかります。

他方の囚人にとっても「自白」が支配戦略なので、結局2人とも強盗事件を「自白」し、7年の懲役を受

6-1 囚人のジレンマの利得表

		プレイヤーB	
		黙秘	自白
プレイヤーA	黙秘	-1 , -1	-10, 0
	自白	0, -10	-7 , -7

懲役年数をマイナスとして、単位の年を取ったものを利得としています

けることになります。

もし両者が「黙秘」の戦略を取れれば、両者ともに懲役1年で、「自白」するよりも刑が軽くすみます。ところが、相手が黙秘するという保証がないために、相手がどう出てきてもよい「自白」が支配戦略になってしまうのです。

支配戦略同士の組はナッシュ均衡

「自白」、「自白」の支配戦略同士の組は、それぞれが最適反応をしている戦略の組合せになっているので、ナッシュ均衡になっていることに注意してください。

囚人のジレンマの特徴

ゲーム理論では、この囚人のジレンマの原話と同じ構造をしたゲームをすべて「囚人のジレンマ」と呼んでいます。

囚人のジレンマを特徴付けるキーワードは、**協調**と**裏切り**です。

囚人のジレンマでは、利得が双方ともによくなる「黙秘」にあたる戦略を「協調」と呼びます。一方、相手が協調しているときに、相手を出し抜く形で「自白」し、自分の利得が「協調」するよりも大きくなる戦略を「裏切り」と呼んでいます。

特徴的なのは、両者がともに「裏切る」と、両者の利得が2番目に最悪のものとなってしまうことです。しかし、合理的な意思決定をすると、両者はともに「裏切る」という構造をしています。

2人とも協調できれば、「ウィン・ウィン（Win-Win）」を享受できるのに、それができません。合理的に考えられれば、有利にことが運ぶという直感が見事に裏切られる構造になっているのです。

合理的に考えた結果が、両者ともによくなる行動を取りえないところをジレンマと捉えた話です。

両者ともに協調の戦略を取った状態は、パレート最適になります（パレート最適については86ページのコラム参照）。

6-2 囚人のジレンマはさまざまなケースで出現する

実生活に見られる囚人のジレンマ

囚人のジレンマは、決してゲーム理論の世界での話にとどまるものではありません。

事例6-2 デパートの冷房温度設定

ある年、地震によって発電所が被害を受け、電力供給ができなくなった。電力会社は、大口企業に需要制限の協力要請を行なうことを決め、ある2つのデパートにエアコンの設定温度を上げるよう依頼した。

このとき、デパートは、「エアコンの温度設定を高く」と「エアコンの温度設定を低く」の2つの戦略を持つ。

両方のデパートが温度設定を高くすれば、顧客は半分ずつ入る。しかし、一方が設定温度を高く、他方が設定温度を低くすれば、顧客は温度設定の低いデパートへのみ入店し、温度設定の高いデパートは利益が0。

両方のデパートが温度設定を低くすると、電力供給が追いつかず、停電が起こり、両デパートの営業時間が短くなる。

現実の社会、ビジネス、生物の世界において、囚人のジレンマの実例には事欠きません。

事例６―２のルールは次のとおりです

デパートの１日の利益を１０００万円とします。２つのデパートがともにエアコンの温度設定を高くすれば顧客が二分されるので、両デパートの利益は５００万円です。

一方がエアコンの温度設定を高く、他方が低くする場合、顧客はすべてエアコンの温度設定の低いデパートに入るので、温度設定の高いデパートの利益は０円で、温度設定の低いデパートは１０００万円の利益を上げることになります。

両デパートがともにエアコンの温度設定を低くすれば、電力需要が供給を上回って、停電が起こり営業時間が短くなるので、両者とも利益が２００万円に落ち込むとします。利得を利益で測って、万円という単位のない数値に換算して利得表を作成してみると、図表６―２になります。

なお、簡略化のために両デパートの経費を０として考えます。

6-2　2つのデパートの利得表

		デパートB	
		温度設定を高く	温度設定を低く
デパートA	温度設定を高く	500, 500	0, 1000
	温度設定を低く	1000, 0	200, 200

両デパートが温度設定を低くすると、停電が起こり営業時間が短くなってしまうため、利益は両者とも200万円になってしまいます

図表6―2の利得表から、利得構造が「囚人のジレンマ」と同じになっていることがわかります。

2つのデパートが、ともに合理的に考えたとすると、支配戦略である「温度設定を低くする戦略」を取らざるを得ないことがわかります。そして停電が起こり、結局両デパートは200万円の利益しか得られないのです。

ドーピングはやめられない？

囚人のジレンマの例として、よく起こる事例をもう1つ見てみましょう。

事例6-3 ドーピング

大きなスポーツ大会があるたびに、ドーピング疑惑が持ち上がり、有名な記録保持者がドーピングで失格する例が後を絶たない。ドーピングは、競技者が禁止薬物の助けを借りて、自分の記録を伸ばそうとすることから起こると考えられる。

しかし、禁止薬物を服用すると、脳梗塞や心臓、肝臓などへの悪影響が懸念される。なぜ、リスクがあるにもかかわらず、禁止薬物を使おうとする競技者が出てくるのだろうか。なぜ、禁止薬物の助けを借りてまで自分の記録を伸ばそうとするのか。

この問題をゲーム理論で考えてみましょう。プレイヤーは選手2人の「2人ゲーム」とします。

ドーピングには、継続的に使用することで記録を上げようとする筋肉増強剤などと、その試合1回限りの集中力を高めるための覚せい剤や興奮剤などのようなものがあります。ここでは1回限りのゲームを考えるので、後者のドーピング問題を取り扱います。

ドーピング・ゲームのルール

プレイヤーは、AとBの選手2人とします。

戦略は、「禁止薬物不使用」と「禁止薬物使用」です。

勝負の行方は、両者ともに「禁止薬物不使用」あるいは「禁止薬物使用」の場合は、互角です。一方が「禁止薬物使用」で、他方が「禁止薬物不使用」ならば、禁止薬物を使用したほうが勝ちます。

両者の選好順位は、「勝負重視」か「健康重視」かで変わります。ウェイト基準と評価点基準は同じとし、どちらを重視するかによってウェイトの大きさを変えることで、利得表とナッシュ均衡がどう変わるかを見てみましょう。

ウェイト基準は、

「重視」なら　3

「軽視」なら　1

とします。

評価点基準は、勝負項目については、

「勝つ」場合が　1

「負ける」場合が　-1

「互角」の場合が　0

とします。

健康項目については、

「健康である」場合が　1

「健康被害を受ける」場合は　-1

です。

勝負を重視した場合

勝負重視であれば、選好順位の第1位が「勝負」で、第2位が「健康」となります（図表6―3）。

選手Aの戦略に応じて、選手Bの戦略がどうなるかを計算しましょう。

選手Aが「禁止薬物不使用」で、選手Bが「禁止薬物使用」のときの選手Aの利得を計算してみると、勝負は選手Bが勝ち、選手Aは負けます。健康項目は、選手Aが健康でいられる一方、選手Bは健康被害を被ります。

そのとき、図表6−4を参考にして計算すると、選手Aの利得は、「-3+1=-2」となり、選手Bの利得

6-3 選手A、Bの選好順位

1位	勝負重視
2位	健康重視

6-4 勝負を重視した場合の評価点

評価項目	ウェイト	評価点基準		ウェイト付けした評価点
勝負	3	勝つ	1	3
		負ける	-1	-3
		互角	0	0
健康	1	健康	1	1
		健康被害	-1	-1

▶ウェイト基準

重視　3　　軽視　1

▶評価点基準

勝つ　1　負ける　-1　互角　0

健康　1　健康被害　-1

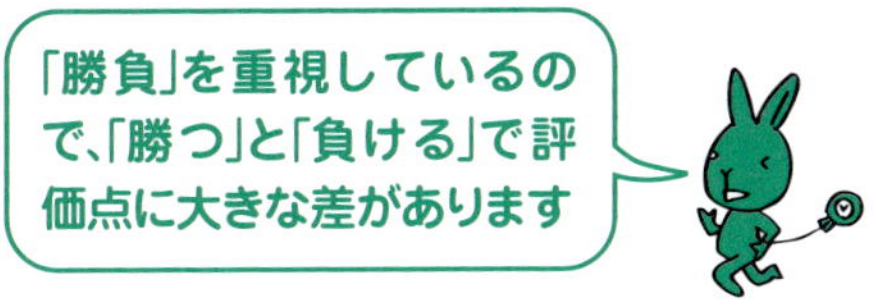
「勝負」を重視しているので、「勝つ」と「負ける」で評価点に大きな差があります

6-5　勝負重視の利得表

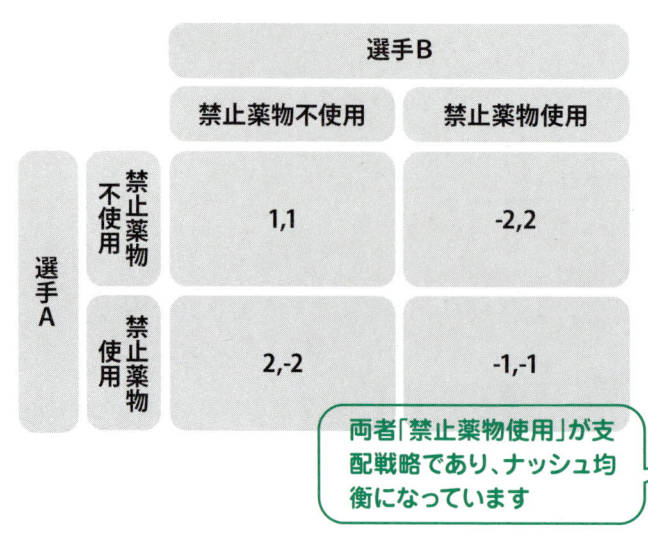

		選手B 禁止薬物不使用	選手B 禁止薬物使用
選手A	禁止薬物不使用	1,1	-2,2
選手A	禁止薬物使用	2,-2	-1,-1

は、「3＋（-1）＝2」となります。

同じように計算してつくった利得表が図表6―5です。

図表6―5の利得表から、選手Ａと選手Ｂともに「禁止薬物使用」戦略が支配戦略であることがわかります。同時に、両者が「禁止薬物使用」の戦略を取る組はナッシュ均衡になっています。

ここでも両者が支配戦略を採用することにより、利得はマイナスとなっているにもかかわらず、相手が協調（「禁止薬物不使用」）の戦略が取れません。もし、選手Ａと選手Ｂがともに「禁止薬物不使用」の戦略を取れれば、両者ともに利得はプラスになるにもかかわらず、やはり囚人のジレンマが出現してしまいます。

❖健康を重視した場合

健康を重視した場合、ナッシュ均衡が変わるのかどうかを検討してみましょう。項目評価基準はそのままで、ウェイトの付け方を変えてみます。

健康を重視した場合の評価点が図表6―6です。

図表6―6から同じように両者の利得を計算してつ

6-6　健康を重視した場合の評価点

評価項目	ウェイト	評価点基準		ウェイト付け評価点
勝負	1	勝つ	1	1
		負ける	-1	-1
		互角	0	0
健康	3	健康	1	3
		健康被害	-1	-3

勝負を重視した場合とは逆に、「健康」と「健康被害」の評価点で大きな差があります

6-7　健康を重視した場合の利得表

		選手B	
		禁止薬物不使用	禁止薬物使用
選手A	禁止薬物不使用	(0+3,0+3) =(3, 3)	(-1+3, 1-3) =(2, -2)
	禁止薬物使用	(1-3, -1+3) =(-2, 2)	(0-3, 0-3) =(-3, -3)

ウェイト付けした評価点を足して、それぞれの利得を算出しています

くった利得表が、前ページの図表6−7です。

図表6−7から、支配戦略は両者ともに「禁止薬物不使用」であることがわかります。したがって、選手Aと選手Bがともに「禁止薬物不使用」の戦略の組は、ナッシュ均衡になっています。

しかも、このとき、両者がともに「禁止薬物不使用」の戦略を取ることが最大3の利得獲得になっていることもわかります。つまり、このドーピングの事例において、選手Aと選手Bがともに「健康」を重視した場合、囚人のジレンマにはならないのです。

❖改めて現実を考える

ドーピングの事例では、プレイヤーの希望を2タイプ（勝負重視と健康重視）のみにしました。この場合、囚人のジレンマとなるのは、プレイヤーが「勝負」を重視したときでした。

これは、プレイヤーの考え方（選好順位）を変化させれば、「禁止薬物使用」をやめさせることができることを示唆しています。スポーツ団体がドーピングの健康被害キャンペーンを張る理由も、この辺りにあると言えるでしょう。

この事例では取り上げませんでしたが、ドーピング禁止提唱には「不公正」という判断項目も重視されています。練習問題として、「公正」項目を加味した場合を検討してみましょう。選手が「公正」についての意識を高めれば、「禁止薬物不使用」の利得が高まるだろうということがヒントです。ウェイトはどの項目も同じ重みの1とします（解答例を巻末に示します）。

競技管理団体がドーピング検査を行なったら？

ゲームのプレイヤーとして「競技管理団体」を加えて、ドーピング検査が行なわれる場合に、ナッシュ均衡がどのように変化するかを見てみましょう。

実際のスポーツ大会であれば、競技者は多数となりますが、本質的な問題は、選手A、選手B、競技管理団体の3人のプレイヤーのモデルで考えることができます。

競技管理団体が選手の1人を検査した場合

競技管理団体が選手全員（このゲームでは2人）を検査するのが理想ですが、時間的・コスト的に大変手間のかかることなので、選手の1人だけを選んで検査するとします。

競技管理団体が「禁止薬物使用」を発見した場合、団体の利得をプラスとし、「禁止薬物不使用」の場合は利得を0とします。

選手は、「禁止薬物使用」が露見したとき、ペナルティーが課されるので、そのときの利得はマイナスになります。また、「禁止薬物使用」で競技に勝っても、露見した場合には、無効とされます。

今回、競技管理団体は選手Aのドーピング検査をすることにしました。このことは選手全員が承知しているとします。

❖選手Aの支配戦略

選手Aは、「禁止薬物使用」の戦略を取ると、検査により必ず露見してしまうので、選手Aの支配戦略は「禁止薬物不使用」となります。

❖選手Bには支配戦略がある？

一方、検査をされない選手Bは、「禁止薬物使用」の戦略を取ると、必ず競技に勝て、相手が「禁止薬物不使用」の戦略を取ることが読めるので、選手Bの支配戦略は「禁止薬物使用」になります。

選手を特定した検査では「禁止薬物使用」を根絶できない

競技管理団体が特定の選手のドーピング検査をするという純粋戦略を取ると、検査される選手は、「禁止薬物不使用」の戦略を取ります。しかし、検査されない選手は、利得が有利となる「禁止薬物使用」の戦略を取ります。

特定の選手に対するドーピング検査では、ドーピングを全面的に排除するという結果をもたらすことはできないことがわかります。

コラム

パレート最適とナッシュ均衡

ある状態の判定基準の１つに、パレート最適というものがあります。イタリアの経済学・社会学者パレートが考え出した概念です。

ある社会の成員の状況を比較したときに、どの成員の状態も他の成員の状態を不利にしない限りは、それ以上有利にならない状態にあることを**パレート最適**と呼びます。

もし、人々の状態がパレート最適から外れれば、誰かが悪くなることなしには、他の誰かの状態はよくならないということになります。逆に、パレート最適の状態でなければ、誰もいまより悪化することなく、みんながよくなる状態にあると言えます。たとえば、囚人のジレンマで、（裏切り、裏切り）の戦略の組合せが、（協調、協調）の戦略の組合せに移行したとすると、どのプレイヤーの利得も増えるので、「誰もいまより悪化することなく、みんながよくなる状態」が実現します。

囚人のジレンマの解はパレート最適ではないのですが、相手が協調をしてくれるかどうか信頼できないために、（協調、協調）の状態を実現できない、というのが囚人のジレンマです。

Part 7

共有地の悲劇は「囚人のジレンマ」の社会版

7−1 「共有地の悲劇」は社会問題のモデルとなる

Part 6で見た「囚人のジレンマ」は、集団のプレイヤー同士においても起こり得ます。社会的状況における「囚人のジレンマ（社会的ジレンマ）」を、**共有地の悲劇**と言います（図表7−1）。

「共有地の悲劇」の事例

人間の経済活動を強制力のない話合いで解決しようとした場合、望ましい形に到達できるでしょうか。

いくつかの事例を見て、その共通点から問題と対策を検討してみます。

事例7-1 地球温暖化

かつて地球は青く美しい星だった。空気もとても澄んでいたが、工場が建ち、経済活動が活発になり、多くの人が経済的に潤った。工場を稼動させるにはエネルギーが必要で、エネルギーを火力発電所などに頼ると二酸化炭素が増える。

増えすぎた二酸化炭素により熱は放散されず、地表は暖かくなり、南極や北極の氷、エベレストの雪が溶け、海面が上昇し、猛暑や集中豪雨などの異常気象が起こるようになった。気象学者などは、以前から警告と規制を呼び掛けていたが、自主的な規制は実施されなかった。

7-1 「囚人のジレンマ」と「共有地の悲劇」の構造は同じ

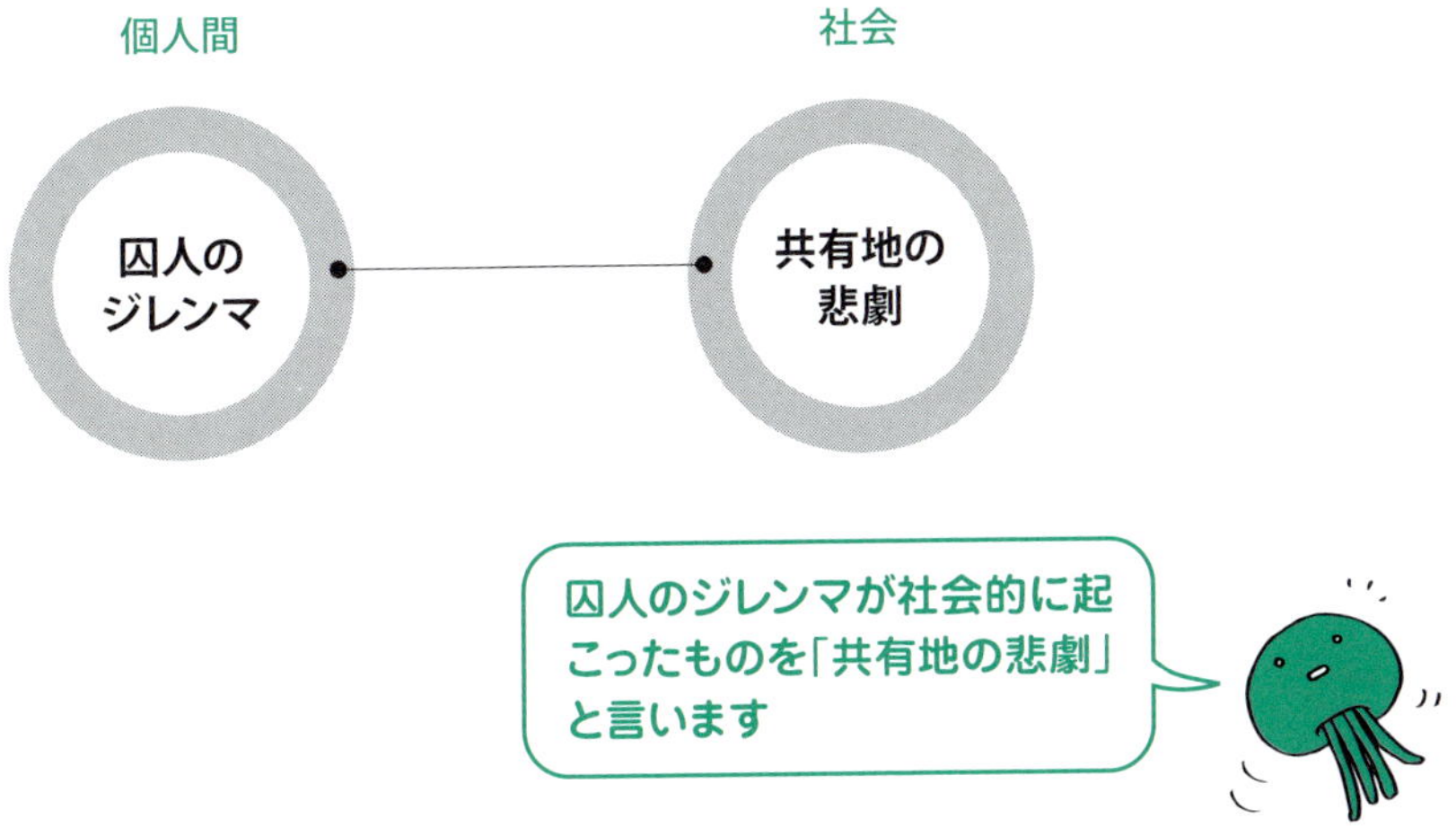
個人間
社会
囚人のジレンマ
共有地の悲劇
囚人のジレンマが社会的に起こったものを「共有地の悲劇」と言います

事例7-2 マグロが好き！

日本人の食生活が欧風化し、好きな料理ランキングの上位を洋食が占めるようになった。しかし、そんな風潮でも、日本人の刺し身好きは廃れておらず、マグロの人気は絶大だ。

２００５年のメバチマグロの漁獲量は全世界計で16万トン。一方、生物資源を維持するうえで望ましい漁獲量は12万トンと言われており、このギャップは乱獲によるものと思われる。

近年、日本食のヘルシーさが見直され、貿易や観光を通じて日本との交流が盛んになるにつれ、刺し身を口にする外国人が増えていった。また、中国が高い経済発展を見せるのに伴い、マグロを好んで食するようにもなった。

このような要因から、マグロ漁には日本ばかりでなく多くの国が精を出すようになったが、乱獲によって、有限な資源であるマグロの枯渇が心配されている。

事例の問題に対処するための視点

漁師の立場になって考えてみましょう。昔、漁師は目の粗い網を使うことで、一定以下の大きさの稚魚を捕らないようにしていました。稚魚がやがて大きくなってから捕れば、魚が捕りつくされることにはならないからです。

これは、いつまでも漁を続けるための工夫でした。このような伝統は、沼や川など共同体がコントロールできる範囲では比較的守られていたようです。

では、広大な海という誰の所有地でもない場所で、捕ろうと思えばいくらでも捕れるマグロのような漁はどうなるでしょうか。そこで乱獲を行なえば、やがて資源の枯渇という「しっぺ返し」が起こります。

解決のための鍵

なぜ、2つの事例のようなことが起こってしまうのでしょうか。

問題を解決する鍵は、「インセンティブ」と、誰もが自由に使える資源にあります。

インセンティブの観点から見ると、資源を保護することには、インセンティブが働かないからだと言えます。

ゲーム理論では、このような事態に至ることが人間の必然であることを指摘したモデルがあります。それが、生物学者のギャレット・ハーディン（1915〜2003）が考え出した**共有地の悲劇**です。では、この「共有地の悲劇」を検討していきましょう。

7-2 「共有地の悲劇」を回避するには？

共有地の悲劇の原話はどんな話か？

先に、実際に「共有地の悲劇」が起こっている社会現象の事例として、「地球温暖化」と「マグロが好き！」を見ました。2つの事例は、インセンティブが働かないために引き起こされる問題ですが、そのもとはどんな話なのでしょうか。原話から、「共有地の悲劇」を回避する方法を考えてみましょう。

事例7-3 「共有地の悲劇」の原話

ある村に、村人なら誰でも自由に使える共有地があり、その共有地には羊が好きな草がたくさん生えていた。

村人は共有地で羊に草をいっぱい食べさせ、羊を太らせてから売ってお金を儲けることにした。売値は体重が重いほど高い。草はタダだから、羊を増やせば、増やしただけ儲かる。

そこで、誰もが羊を増やして、共有地の草を食べさせていると、とんでもない事態が起こった。

みんな破産してしまう

村人の誰もが羊を増やして、共有地で羊に草を食べさせました。ところが、土地には限りがあり、共有地に生えている草にも限りがあります。

そこへ村人が競って羊を連れて行ったので、羊が増えすぎ、1頭当たりの食べる量が以前よりも減ってしまいました。

羊の草を食べる量が少なくなれば、その太り方も前よりは少なくなってしまいます。そこで、村人たちは羊を減らそうと考えるかと思うかもしれませんが、そうはなりませんでした。

なぜなら、1頭ずつの太り方が少なくなり1頭当たりの売価が減っても、売る頭数を増やせれば、手にするお金は前より多くなるのです。したがって、共有地で草を食べる羊の頭数は増え続けました。その結果、共有地の草は食べつくされ、とうとう共有地では羊を飼えなくなってしまい、村人は元も子も失ってしまったのです。

7-2 「共有地の悲劇」の利得表

		村人B	
		羊を飼う	羊を飼わない
村人A	羊を飼う	3,3	5,0
	羊を飼わない	0,5	0,0

両者ともに「羊を飼わない」戦略を取れば、利得は0です。どちらか一方のみが「羊を飼う」戦略を取れば、利得は1番大きい5となり、両者とも「羊を飼う」戦略を取れば、利得は3となります

7-3 「共有地の悲劇」の原話の推移

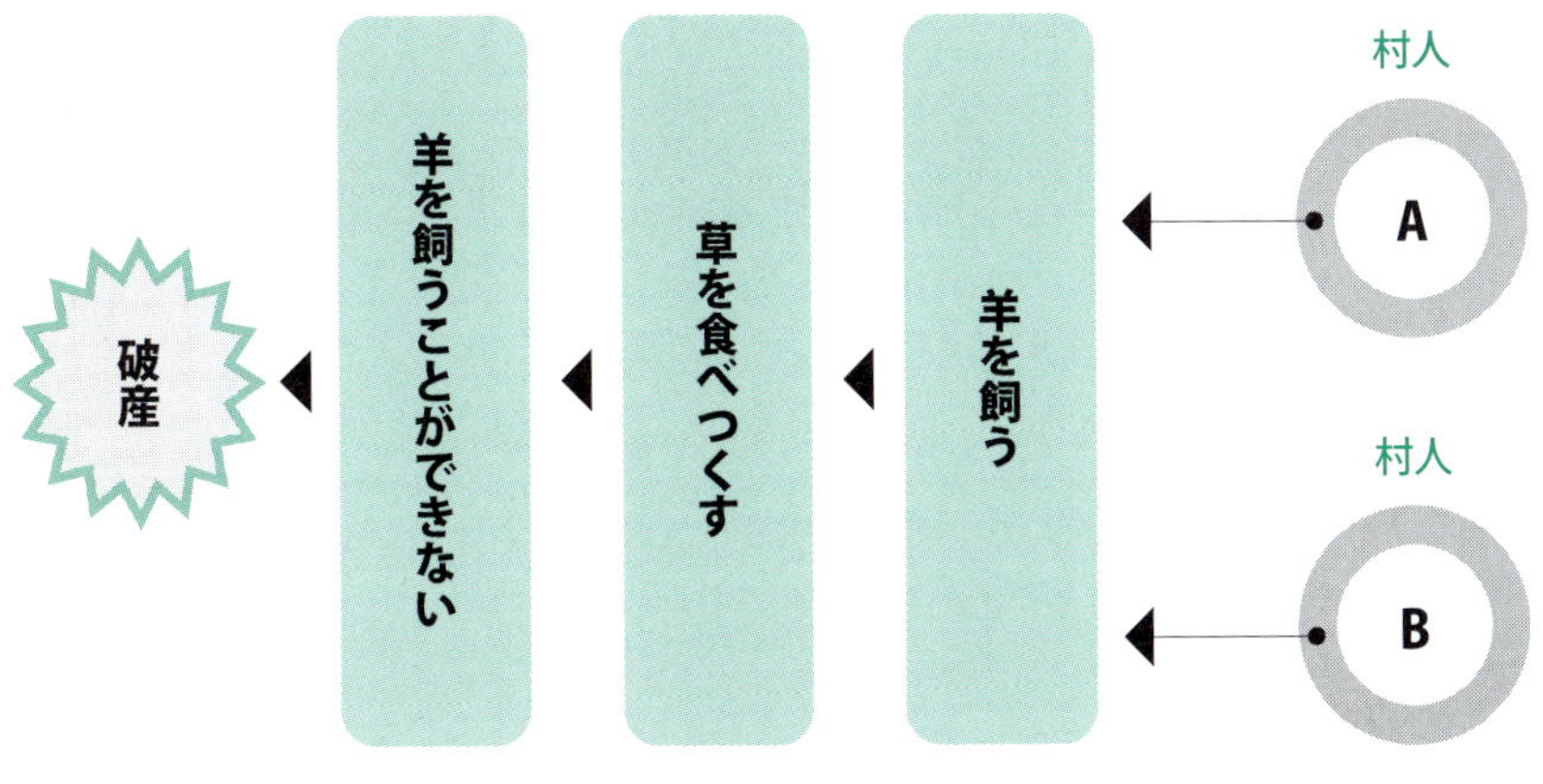

「囚人のジレンマ」と同じ構造

共有地の悲劇の原話を、村人AとBの2人ゲームで考えてみます。戦略は「羊を飼う」と「羊を飼わない」です。

村人Aだけでなく、村人Bも羊を飼えば、1頭当たりの草の量は少なくなりますが、少し痩せた羊でも売ればお金になります。利得表は図表7—2のようになります。

もし村人Bが「羊を飼わない」戦略を取り、村人Aが「飼う」戦略を取れば、村人Aの羊が食べられる草の量はずっと多くなるので、羊は太り、もっと高く売れます。両者とも羊を飼わなければ利得は0です。したがって、「羊を飼う」は支配戦略です。村人Bにとっても事情は同じなので、2人とも「羊を飼う」ことが得になります。

村人AにもBにも「羊を飼わない」戦略を取るインセンティブがないので、草を食べつくすまで羊を増やし続けることがわかります。挙げ句の果てには、羊たちは飢え死にしてしまい、両者とも破産です。己の利

7-4 「共有地の悲劇」を回避する方法

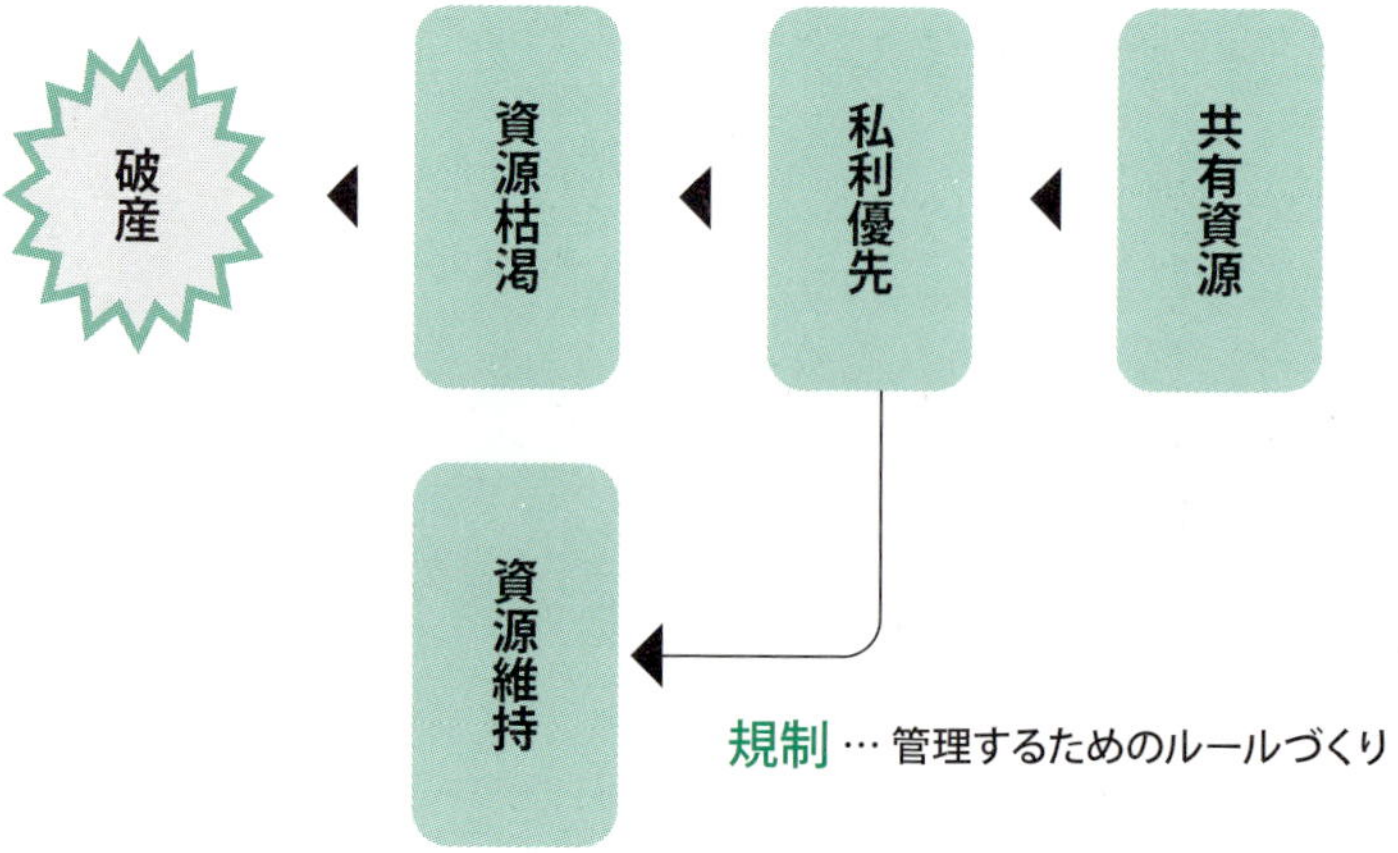

共有資源
私利優先
資源枯渇
破産
資源維持
規制…管理するためのルールづくり

益を追求して近視眼的に考えている限り、この結果を変えることにはならないでしょう。共有地の悲劇の原話の流れを示すと、前ページの図表7―3のようになります。

草が少しでもある間は、村人全体のことを考えて私利を控えた人よりも、私利を優先させた人のほうが利得は大きくなります。しかし、私利を優先させる人ばかりになると共有地の草が枯渇して、自分で自分の首を絞める結果となることを示しているのが「共有地の悲劇」なのです。

利得表をよく見てみると、「共有地の悲劇」の利得構造は、囚人のジレンマと同じ構造をしていることがわかります。このことから「共有地の悲劇」とは、**囚人のジレンマの社会版**と考えられるのです。

共有地の悲劇を回避する方法

では、このような事態を回避するにはどうしたらよいでしょうか。

原因

なぜ、共有地の草が枯渇するという事態が起こるのかを考えてみると、村人AとBのそれぞれのプレイヤーが、自らの利得を最大にすることのみを目的に行動したために他なりません。

対策は囚人のジレンマと同じ

まず、資源というものは有限であることを認識する必要があります。共有地の草は有限なので、無限に羊を飼えるわけではありません。

そこで、共有地にある草で養える羊の最適数を求め、村人が飼う羊の総数がその最適数を超えないようにみんなで話し合い、共有地の草と羊の数を管理するルールをつくることが重要です（図表7―4）。

温暖化とマグロ資源の問題も同様に考える

温暖化問題も、マグロ資源問題も、共有地の悲劇を回避する対策を行なっていくしかありません。

環境やマグロは共有の資源であり、それらを消費するインセンティブを各国が持っていますが、消費を抑制するインセンティブはありません。そのため、共有地の村人が破産まで羊を飼っていったように、各国は環境やマグロを消費しつくしてしまいます。

この破滅を免れるためには、資源の絶対量を認識し、各プレイヤーの上限を割り出し、私利を抑制し、規制をかける必要があります。その規制のなかでみんなが活動し、逸脱する者にはペナルティーを課すことが、共有地の悲劇から導き出される結論だと言えます。

Part 8

囚人のジレンマを克服する「繰り返しゲーム」

8－1

ゲームを繰り返すときは先のことを考えよう

利己的な人間であれば、協調はできないと直感的に考えがちでしょう。「囚人のジレンマ」がその典型です。しかし、条件さえ整えば、合理的で利己的な人間にも協調させることができます。**繰り返しゲーム**の文脈に囚人のジレンマを置くと、ナッシュ均衡が裏切り戦略の組ではなく、協調戦略の組となるという驚くべき事態が起こることを見ていきましょう。

無限回繰り返せば協調する

1回限りのゲームでは、囚人のジレンマのように、ナッシュ均衡が必ずしも**パレート最適**（86ページ・コラム参照）を達成していないゲームがあります。

しかし、そんなゲームであっても、無限回繰り返すゲーム（現実的には非常に長期間続くゲームと考えればよいでしょう）においては、互いに協調する状態になることが知られています。

繰り返しゲームとは？

利得構造を変えずに、それまでの経過を考慮することができる、という条件を加えて繰り返すゲームを、**繰り返しゲーム**と呼びます。

繰り返しゲームの場合、「戦略」と「行動」を区別して考えます。戦略とは、「どのような行動を連鎖させて組み立てていくか」だったことを思い出してください。1回限りのゲームの「戦略」が、繰り返しゲームでは「行動」にあたります。

❖繰り返すだけでは、同じ結果になる?

囚人のジレンマの状態にあるゲームの利得表に基づいて、「繰り返す」以外に状況が変わっていないならば、結局同じ行動、すなわち囚人のジレンマの原話であれば、「自白」を繰り返すと考える方も多いかもしれません。

ところが、そうならないところが繰り返しゲームの妙と言えば、妙なのです。囚人のジレンマではゲームを繰り返すことによって、1回限りのときとは逆の協調戦略が「最善の戦略」となります。

繰り返しゲームの2つのポイント

繰り返しゲームには、大事なポイントが2つあります。

1つ目は、戦略決定の基準を各回の利得ではなく、累積した利得に取ることです。

累積した利得に着目することで、前回までの行動の結果から、その後のゲームがどのように展開していけば有利となるかを考えに入れて、現在の行動を選択することになります。

2つ目は、前回選択した行動を双方が覚えているという**記憶**に関する前提です。前に選択した戦略が何であり、その結果何が起こったかを参加するプレイヤーが覚えていて、その上で戦略を選択します。ゲーム理論では、これを**履歴の完全記憶**と言います。

もし、ゲームの履歴が次の行動の選択に影響を及ぼさないのであれば、ゲームは常に1回限りのゲームと変わらないものとなってしまいます。

繰り返しゲームが意味を持つのは、プレイヤー全員が履歴をしっかりと記憶して、それらの結果などを参考に、損得を考えながら行動を選択するところにあります(次ページ図表8—1)。

ここでは、「繰り返しゲーム」を理解するために

8-1　囚人のジレンマでゲームを繰り返すとどうなるか？

- ▶戦略決定基準が各回の利得ではなく累積利得に変わる
- ▶前に取った行動を各プレイヤーが記憶していれば、裏切りの代償の重さがわかる

互いに協調していく

「囚人のジレンマ」を例として取り上げます。

「協調」と「裏切り」はどちらが得か？

繰り返しゲームの特徴を理解するための出発点の利得表として図表8—2を使うことにします。この利得表は、囚人のジレンマと同じ構造です。

プレイヤーAとBの行動選択の一例を取り上げてみます。1回目から3回目まで「協調」したときのAとBの利得の流れは、図表8—3のようになります。両者ともに利得3がきれいに並んでいます。

4回目で、Aが「協調」し、Bが「裏切った」としましょう。すると、Aの利得は0です。Bの利得は5で、1回のゲームとしての利得は最大になり、協調したときの2倍近い利得を得られました。

もし、ここでゲームが終了すれば、Aの累積利得は9、Bの累積利得は14です（次ページ図表8—4）。

しかし、まだゲームは続きます。AがBの裏切りに怒り、5回目でAは「裏切り」を選択し、Bも相手が

8-2　囚人のジレンマの構造になっている利得表

		プレイヤーB	
		協調	裏切り
プレイヤーA	協調	3,3	0,5
	裏切り	5,0	1,1

この利得表を用いて、「繰り返しゲーム」について考えてみます

8-3　3回目までのプレイヤーAとBの利得

	1回目	2回目	3回目
A	3	3	3
B	3	3	3

プレイヤーAとBが「協調」していれば、同じ利得を取り続けます

8-4　4回目で終わった場合の累積利得

	1回目	2回目	3回目	4回目	累計
A	3	3	3	0	9
B	3	3	3	5	14

4回目にプレイヤーBが「裏切り」の戦略を取りゲームが終わると、プレイヤーAとBの利得の差は「5」になります

8-5 「裏切り」が続いた場合の利得の流れ

	1回目	2回目	3回目	4回目	5回目	6回目	7回目	8回目	9回目	10回目	累計
A	3	3	3	0	1	1	1	1	1	1	15
B	3	3	3	5	1	1	1	1	1	1	20

5回目以降、「裏切り」が続くとプレイヤーAとBは、毎回利得を「1」しか取れません

8-6 プレイヤーAとBが「協調」を選択し続けた場合の利得

	1回目	2回目	3回目	4回目	5回目	6回目	7回目	8回目	9回目	10回目	累計
A	3	3	3	3	3	3	3	3	3	3	30
B	3	3	3	3	3	3	3	3	3	3	30

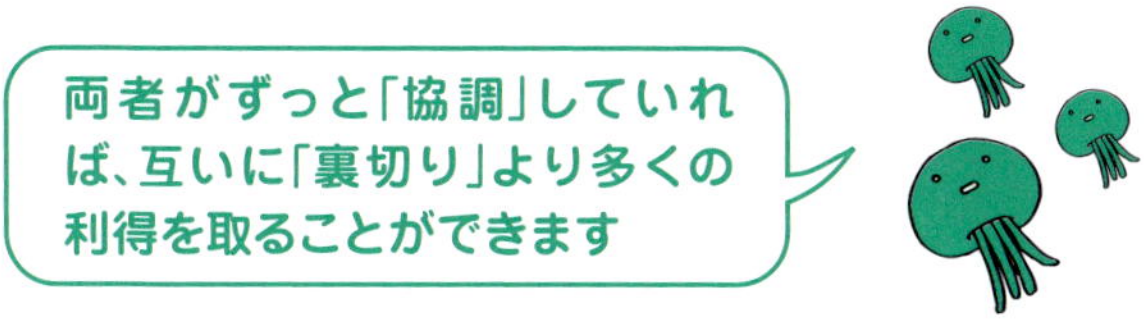
両者がずっと「協調」していれば、互いに「裏切り」より多くの利得を取ることができます

裏切ることを読んで「裏切り」を選択すると、両者の利得はともに1となります。その後は、相手が裏切ることを警戒して、両者が「裏切り」を選択し続けて10回目までゲームが進行し終了したとすると、両者の利得の流れは図表8－5のとおりになります。

そのときの両者の利得は

Aが15

Bが20

になります。

しかし、そもそもBが4回目で「裏切り」を選択しなければ、Aも「裏切り」を選択しなかったでしょう。両者がともに「協調」を選択して10回ゲームを行なったならば、図表8－6のように両者の利得はそれぞれ30となるはずでした。

両者が裏切り合いさえしなければ、AにとってもBにとっても約2倍の利得を取ることができたかもしれないのです。

ここからわかることは、目先の利得に眼がくらんで長期の利得の流れを考慮せずに行動すると、結局損をするということです。

8－2

長期間における繰り返しゲームの特徴

長期についてさらに考える

長期のゲームについては、そのゲーム終了の「期限」と、最終的に得られる「利得の合計」に注目する必要があります。

期限について

長期の関係を考えると、

①無期限に続く場合
②期限がある場合

があります。

期限がある場合でも、たとえば、イギリスが香港を99年間租借していたことなど、期限が非常に長い場合、その初期においては無期限のように感じるので、その効果は「無期限に続く場合」と同様と考えてもよいでしょう。

期限がある場合でも、いつが期限かを

「双方とも知らないケース」
「双方が知っているケース」
「どちらか一方のみが知っているケース」

があります。

「双方とも知らないケース」では、無期限と同様に

8-7 長期における利得の関係

- **無期限**
- **期限あり**
  - ▶▶ 双方が期限を知らない
    →無期限と同じ効果
  - ▶▶ 双方とも期限を知っている
    →期限直前に裏切り合い
  - ▶▶ 一方のみが期限を知っている
    →知っているほうが期限直前に裏切り、大きな利得を得ようとする

行動すれば、協調関係が保たれ、双方の利得は高い水準になります。

「双方が知っているケース」では、双方とも直前まで協調し、期限間近に裏切ることになるでしょう。

「どちらか一方のみが知っているケース」では、双方とも期限間際まで協調しますが、知っているほうは期限直前に裏切ることになるでしょう。それがもっとも有利な戦略となるからです（図表8—7）。

❖利得の大きさが変わると……

これまで累積利得は、将来の利得も現在の水準で続くケースのモデルを考えました。しかし、回数を重ねるにつれ、利得が減少していくケースや、将来のほうが大きい利得となるケースもあるでしょう。

前者のケースでは、相手が当面協調してくれていても、裏切ることによって得られる利得が、将来得られる利得を上回ると判断すれば、たとえ「長期の関係づくり」という合意があっても、裏切る可能性が非常に高くなると言えます。

8－3

しっぺ返し戦略が繰り返しゲームを制した

アクセルロッドのコンテストを制したラパポートのプログラム

政治学者のロバート・アクセルロッド（1943〜）は、コンピュータ上で囚人のジレンマを用いたシミュレーションを繰り返し、戦略の優劣を競わせるコンテストを行ないました。

ゲーム理論の専門家たちが多数参加したこのコンテストで優勝したのは、アナトール・ラパポートのもっとも単純な**しっぺ返し戦略**のプログラムでした。

しっぺ返し戦略とはどんなプログラムか?

「しっぺ返し戦略」とは次のような戦略です。

最初は「協調」をしますが、2回目以降は前回に相手が取った行動と同じ行動を取る戦略です（**ものまね戦略**と言ったほうが実態に近いと思います）。

相手が前回「協調」であれば、自分は今回「協調」を選択し、相手が前回「裏切り」であれば、自分も「裏切り」を選択します。裏切られたら裏切り返すため、「しっぺ返し」と呼ばれているのです。しかし、いったん裏切られても、相手が協調し直してきたならば、協調で返すという特徴があります。

しっぺ返し戦略の課題

しっぺ返し戦略は地味ですが、とてもわかりやすい戦略です。

しかし、相手が裏切ったときの報復合戦が泥沼に入れば、互いに裏切り戦略を取り続けてしまう危険性があります。この泥沼をいかに回避できるかがしっぺ返し戦略の課題です。

戦略的に相手が協調に転じなければ、自分からは協調を取らない、果てしない裏切りの連鎖という地獄に陥る前に、それから抜け出る道を用意しておかなければなりません。

繰り返しゲームの教訓

ゲームの特徴やアクセルロッドのコンテストを併せて考えると、繰り返しゲームには次の教訓があることがわかります。

①原則として、自分からは裏切らないこと（互いに協調していけるのなら、両者がともに高い利得を得られます）。ただし、期限がある場合には、その直前に裏切ったほうがより大きい利得を獲得できます。

②相手から裏切られたら裏切り返すこと。

③相手にこちらの意図が伝わりやすい戦略を用いること。相手に意図が通じないと、相手の行動に影響を与えることができません。裏切ったら損だと思わせることが肝要です。

④相手をたたきのめすのではなく、相手とうまく付き合うこと。できるだけ協調関係を保ちます。

⑤協調関係の基本は、信頼関係より継続関係にあること。

8-4 人間は繰り返しゲームに囚人のジレンマ克服の鍵を見た

事例に見る囚人のジレンマ克服の鍵

繰り返しゲームを制するには、「しっぺ返し戦略」を取ることがもっとも合理的です。ただし、歴史を振り返ってみると、人間は長年の経験から、協調するインセンティブを持つさまざまな仕組みをつくってきました。そこには、繰り返しゲームにおける長期の関係づくりが鍵となっている事例を数多く見ることができます。そのような事例をいくつか紹介しましょう。

事例8-1 江戸時代の株仲間

江戸時代には、「株仲間」という同業組合があった。株仲間は、幕府や大名が商工業の同業者の結合を許可し、独占権などの権利を与えたもの。

株仲間は、商取引において商人が不正を行なった場合、自分たちの集団ばかりでなく、全国の株仲間にも呼びかけてその商人を締め出した。

ひととき不正を働いて小金を得ても、同業組合から締め出され、将来の利得を放棄するはめになったのでは元も子もない。そのため、株仲間を裏切って不正な利益を得ようとしたり、代金支払いを怠ろうとするインセンティブは抑制された。

事例8-2 終身雇用

終身雇用は、労使双方に協調関係を維持したほうが、自分たちの利得が多くなるというインセンティブを起こさせる。

株仲間の事例と同じで、裏切って一時的に楽をしたり、効用を高めたりすることができても、同僚や上司がそれを覚えていて、裏切り返されたら、結局長期の勤務期間において業績も報酬も上げられない。「裏切るよりは協調していくほうが利得が大きくなる」と各自が気付くのだ。

結婚関係には、次のような事例があります。

事例8-3 結婚

カトリックに離婚が許されないのは、「結婚関係を永続的なものとする」ことで、互いに協調関係を築かせる狙いがあると考えられる。

男女2人のプレイヤーによるゲームが長期であれば、裏切りより協調したほうが快適となり、利得が大きくなるはずだからだ。

ビジネスの世界には、次のような事例があります。

事例8-4 談合

公共工事などの競争入札が談合によって骨抜きとなり、適正な費用以上の工事費で落札される事例が後を絶たない。

本来、競争関係（互いに「裏切り」）にあるはずの業者同士が談合（互いに「協調」）するのは、1回限りの工事でなく、長期の工事案件を見据えていれば十分にあり得ることである。

事例8-5 カルテル

競争関係にあるメーカー同士が、結託して価格を秘密裏に協定するカルテルが告発されることも談合と同様に後を絶たない。競争するよりも協調し合うほうが、利得が大きいからだ。

企業は永続的存在と言われるように、法人は個人と違い生物的な自然死はあり得ない。必然的に企業同士は長期のゲームを続ける関係にある。

Part **9**

フリーライダー問題を解き明かす「合理的なブタ」モデル

9-1　軍事同盟を結んでいる国々は
防衛費を平等、公平に負担しているか？

9-2　「非排除性」「非競合性」のある公共財から
フリーライダーをなくすことはむずかしい

9-1 軍事同盟を結んでいる国々は防衛費を平等、公平に負担しているか？

Part 8では、「囚人のジレンマ」や、その社会版である「共有地の悲劇」は、繰り返しゲームに克服の示唆があることを見ました。

ただし、社会には他にもさまざまな問題が発生します。その代表例として、公共財でのコスト負担問題である**フリーライダー（ただ乗り）問題**があります。「フリーライダー問題」は、公共財が持つ特徴により発生してしまいます。

ここでは、NATO（北大西洋条約機構）参加国の防衛費負担額と、「合理的なブタ」モデルでこの問題を考えてみましょう。

フリーライダー問題を考える事例

NATOに参加している各国は、それぞれ防衛費を「平等」「公平」に負担しているかをチェックしてみます（図表9―1）。

1989年のベルリンの壁崩壊により冷戦が終結して以降と、ここで防衛費問題の事例として取り上げる1960年代とでは、NATOの役割や位置付けが大きく変わっています。

そのため、現在のNATOは「合理的なブタ」モデ

9-1 ＮＡＴＯ参加各国の防衛費負担額

GNP順位	国名	GNP 1964年（単位10億ドル）	防衛予算負担額（単位10億ドル）	（防衛予算／GNP）百分率	負担率順位
①	アメリカ	569.03	51.21	9.0	1
②	ドイツ	88.87	4.89	5.5	6
③	イギリス	79.46	5.56	7.0	3
④	フランス	73.40	4.92	6.7	4
⑤	イタリア	43.63	1.79	4.1	10
⑥	カナダ	38.14	1.68	4.4	8
⑦	オランダ	15.00	0.74	4.9	7
⑧	ベルギー	13.43	0.50	3.7	12
⑨	デンマーク	7.73	0.26	3.4	13
⑩	トルコ	6.69	0.39	5.8	5
⑪	ノルウェー	5.64	0.22	3.9	11
⑫	ギリシア	4.31	0.18	4.2	9
⑬	ポルトガル	2.88	0.22	7.7	2
⑭	ルクセンブルク	0.53	0.01	1.9	14

資料出所　The Review of Economics and Statistics,Vol. 48,August 1966,p.267

ルによる説明が適切なのかどうかはわかりません。少し古い資料ですが、ここでは、60年代のNATOが「合理的なブタ」モデルで扱えることを説明していきます。

各国は「平等」に負担しているか

図表9−1から、各国の防衛費負担額を見てみましょう。「平等」とは、防衛費負担が等しいことを意味します。

主な国の負担額を見てみると、アメリカが約512億ドル、フランスが約49億ドル、デンマークが約2・6億ドル、ギリシアが約1・8億ドルとなっています。資料が作成された1966年当時のNATOには14か国が参加していましたが、防衛費の負担は明らかに平等ではありませんでした。

各国は「公平」に負担しているか

では、「公平」の観点から見るとどうでしょうか。

各国のＧＮＰ（国民総生産）は同じではありません。ＧＮＰの大きさを仮に「国力」とします。国力が違うのですから、「防衛費を平等に同額ずつ支出しろ」というほうが無理なのかもしれません。

国力に応じて負担するのが「公平」と考えて、各国の負担を比較してみます。

ＧＮＰの大きさと、防衛費負担に対する各国の負担率を基準にすると、その比率が高いほどその国が負担をしている割合が大きいとみなせます。負担額の絶対額は異なっても、比率がほぼ同じならば、各国が「公平」に防衛費を負担していると言えます。

主な国の負担率を見てみると、アメリカが９・０％、ドイツが５・５％、ノルウェーが３・９％、ルクセンブルクが１・９％となっています。

ここからわかることは、ＧＮＰが大きい国が多くの防衛費を負担しているということです（ポルトガルはＧＮＰに比較して負担率が大きいですが、アフリカの植民地とのかかわりと見られます）。

特にアメリカが突出して負担をしていて、同盟国が公平に負担をしているとは言えません。

「合理的なブタ」モデルで解明する！

なぜ、このような問題が起こるのかを、次の「合理的なブタ」モデルが解き明かしてくれます。

事例9-1 「合理的なブタ」モデル

檻のなかに大ブタと小ブタがいる。檻の片側にレバーがあり、レバーを押すと、餌が6単位出てくる。しかし、餌が出てくるところはレバーの反対側にあり、レバーを押したブタは餌箱まで走って行かなければならない。

大ブタのみがレバーを押すと、小ブタが先に5単位食べ、大ブタの取り分は1単位。2匹が同時にレバーを押すと、足の速い小ブタが2単位、大ブタは4単位を食べる。小ブタのみがレバーを押すと、大ブタが6単位すべて食べてしまう。

それぞれのブタはレバーを押すとエネルギーを0・5単位消費する。

9-2 「合理的なブタ」モデルの利得表

		大ブタ	
		レバーを押す	レバーを押さない
小ブタ	レバーを押す	1.5, 3.5	-0.5, 6
	レバーを押さない	5, 0.5	0, 0

大ブタ、小ブタともに「レバーを押さない」の戦略を取ると、
当然餌が出てこないので、両者の利得は「0」になりますね

利得表は図表9―2のようになります。この「合理的なブタ」モデルのナッシュ均衡はどうなるでしょうか。

ナッシュ均衡を求める

大ブタと小ブタの戦略の利得を比較して、小さいほうを斜線で消します。斜線のない戦略の組があれば、それがナッシュ均衡になっています（次ページ図表9―3）。

ナッシュ均衡は（「小ブタがレバーを押さない」、「大ブタがレバーを押す」）の戦略の組となります。

もし小ブタが合理的なプレイヤーであれば、大ブタの戦略を読んだ上で、「レバーを押さない」行動、すなわち何もしない戦略を取ることでしょう。

大ブタはレバーを押すというコストを払って1単位の餌を得ますが、小ブタは何もせずに5単位の餌を獲得できます。

小ブタは、コストを支払わず過分の利得を得て、大ブタはコストを過大に負担しているプレイヤーと考え

9-3 「合理的なブタ」モデルのナッシュ均衡

		大ブタ	
		レバーを押す	レバーを押さない
小ブタ	レバーを押す	1.5, 3.5	-0.5, 6
	レバーを押さない	5, 0.5	0, 0

ナッシュ均衡は、〔「小ブタがレバーを押さない」、「大ブタがレバーを押す」〕の戦略の組です

ることができます。

小ブタはただ乗りをする

応分の負担をせずに、利得を享受するプレイヤーを**フリーライダー**（ただ乗りプレイヤー）と言います。社会にフリーライダーが存在していると、**フリーライダー問題**を引き起こします。

１９６０年代のＮＡＴＯの防衛費負担において、アメリカや少数の先進国以外の国は、小ブタのプレイヤーに位置付けられます。つまり、防衛費負担以上の利得については「ただ乗り」をしていたことが見て取れるのです。

なお、合理的なブタのモデルは、弱小なプレイヤーが強大なプレイヤーに対抗するためにどんな戦略を取ればよいか、という観点から別の解釈をすることができます。１つのゲーム・モデルをさまざまに考えることができるのです。

9－2

「非排除性」「非競合性」のある公共財からフリーライダーをなくすことはむずかしい

フリーライダー問題の特徴

公共財において、フリーライダーを排除するのはむずかしいことです。公共財は他の財とは違った特徴を持つからです。

公共財とは?

公共財とは、「放送」「消防」「警察活動」「公園」など、広く誰にでも使える財のことを言います。

公共財とは、

①非排除性
②非競合性

の2点が成り立つ財のことです。

「非排除性」とは、誰でも使える（消費できる）ということです。

「非競合性」とは、1人が消費しても他の人の消費量が減らないことを意味します。

「非排除性」「非競合性」を満たすとは?

先に挙げた、広く誰にでも使える財である公共財のなかから、「放送」と「公園」は、なぜ「非排除性」と「非競合性」を満たすのかを見てみましょう。

❖「放送」は誰でも視聴できるし減らない

「放送」は、ラジオやテレビを持ってさえいれば、誰でも視聴できるものですから、非排除性を満たしていると言えます。

そして、Aさんが視聴しているからといって、Bさんが視聴できないわけではないので、非競合性も満たしています。よって、放送は公共財と言えます。

❖「公園」は誰でも使える

「公園」は、誰でも使えるので、非排除性を満たしています。しかし、非競合性の面から見ると、多くの人が使えば、だんだん他の人が散策できる面積は狭くなるとも言えます。

ただし、通常、利用者に比べて公園は広く、おおむね非競合性を満たしていると言えるので、公園は公共財と考えられます。

❖防衛は公共財!?

NATOの問題で取り上げた「防衛」は、自国以外の他国が任務を遂行してくれれば、任務を過少に負担した国もその恩恵を享受できますから、非排除性を満たしています。

多額の防衛費を負担するアメリカが防衛による恩恵を多く受けたからといって、防衛費の拠出が少ない他の加盟国がその恩恵を少ししか享受できないことはないので、非競合性も満たしています。つまり、防衛は、公共財と言えるのです。

公共財の費用負担

公共財は、誰かが費用を負担してくれれば、その消費においては、「非排除性」「非競合性」という特徴があるため、費用を負担しなかったプレイヤーがその使用を排除されたり、質が低下したりすることはありません。

このため、応分の負担をしない「フリーライダー」をなくすことは困難なのです。

公共財は少なく供給される

フリーライダーをなくすことができないと、どういう問題が起こるのかというと、社会的に必要と考えられる公共財が十分に供給されない恐れが生じます。

なぜかと言えば、ＮＡＴＯの防衛費の事例では、「合理的なブタ」モデルで見られるように、コストを過重に負担してくれる大ブタに相当するプレイヤー（アメリカなど）がいました。

しかし、一般的にはいつでも大ブタのようなプレイヤーが存在すると想定することはできません。大ブタにあたる多くの費用を負担するプレイヤーが存在しない場合、公共財を供給する費用が集まらないことになります。つまり、必要量より少ない公共財しか供給されないことになるのです。

Part 10

「ゲームの木」で難問を解決する

10−1 「ゲームの木」を描くためのルールを知ろう

Part 9までは、戦略と利得の関係を関数で表わす「戦略形表現（標準形）」を基本として見てきました。

ここからは、もう1つのゲームの表わし方であり、プレイヤーの一連の手番のつながりを表わす**展開形表現（ゲームの木）**について考えます。

展開形表現とは？

ゲームの「展開形表現」は、ツリー状の図形で表わすことができるので**ゲームの木**とも呼ばれます。

同じゲームを戦略形でも展開形でも表わすことができるので、取り上げたいゲームに合わせて表現を選ぶのが合理的と言えます。

ゲームの木の描き方

ゲームの木は次の手順で描きます（図表10−1）。

ゲームをはじめる点を「根」と呼び、二重丸で描きます。二重丸にするのは、後述の「節」と区別するためですが、特に区別しない描き方もあります。

二重丸の「根」で最初の行動が選択されることを示します。この行動選択肢を「根」から引いた線で表わします。その線のことを「枝」と呼びます。

10-1 「ゲームの木」の構造

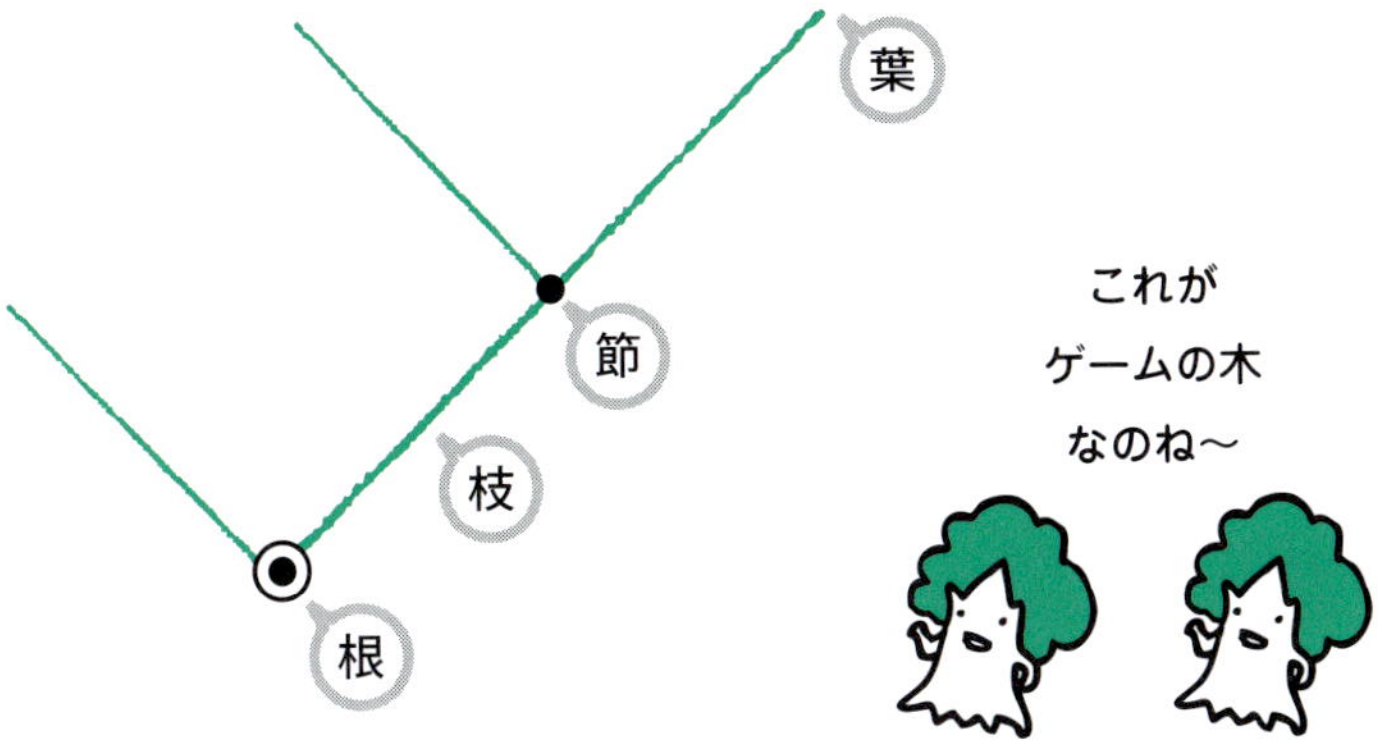
葉
節
枝
根
これが
ゲームの木
なのね～

「枝」の先で、行動選択の機会（手番）があれば、そこに黒丸を描きます。これを「節」と呼びます。「節」から行動選択肢を示す「枝」を伸ばします。そこでゲームが終了すれば、その頂点が「葉」となり、一連の行動の結果から得られる利得を書き込みます。

「根」や「節」の脇には、その手番で意思決定を行なうプレイヤーを書いておきます。「枝」の脇にはプレイヤーの行動を書き込みます。

❖ゲームの木の特徴

ゲームを**「ゲームの木」で表わすと、誰がいつどこで（どの手番で）どんな行動（「枝」）を取るかが一目瞭然**となります。

❖ゲームの木の描き方における注意点

「ゲームの木」を描く際には、次の点に注意してください（次ページ図表10―2）。

① 「枝」同士がくっついてはいけない
② 「根」から追えない「枝」があってはいけない
③ 「根」から追えない「節」があってはいけない

10-2　ゲームの木の描き方の注意点

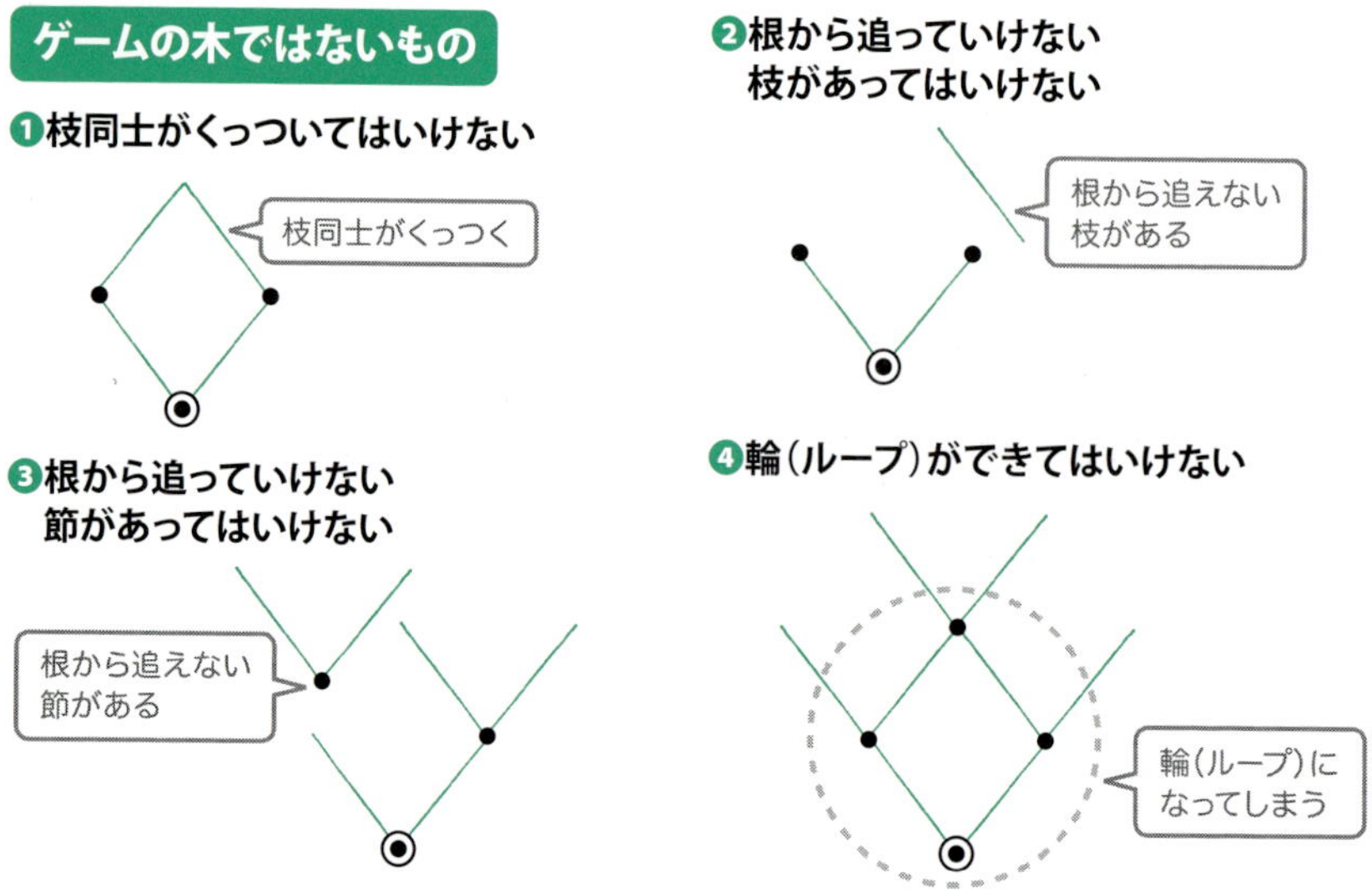
ゲームの木ではないもの
❶枝同士がくっついてはいけない
枝同士がくっつく
❷根から追っていけない
枝があってはいけない
根から追えない
枝がある
❸根から追っていけない
節があってはいけない
根から追えない
節がある
❹輪（ループ）ができてはいけない
輪（ループ）に
なってしまう

④輪（ループ）ができてはいけない

❖枝の剪定

「ゲームの木」で、採用されなかった「枝」に短い2本線を引くことを**枝を剪定する**と言います。剪定することにより、「根」から「葉」まで剪定されていない戦略が、最終的に採用された選択肢であることがひと目でわかるので便利です（図表10―3）。

10-3　枝を剪定する

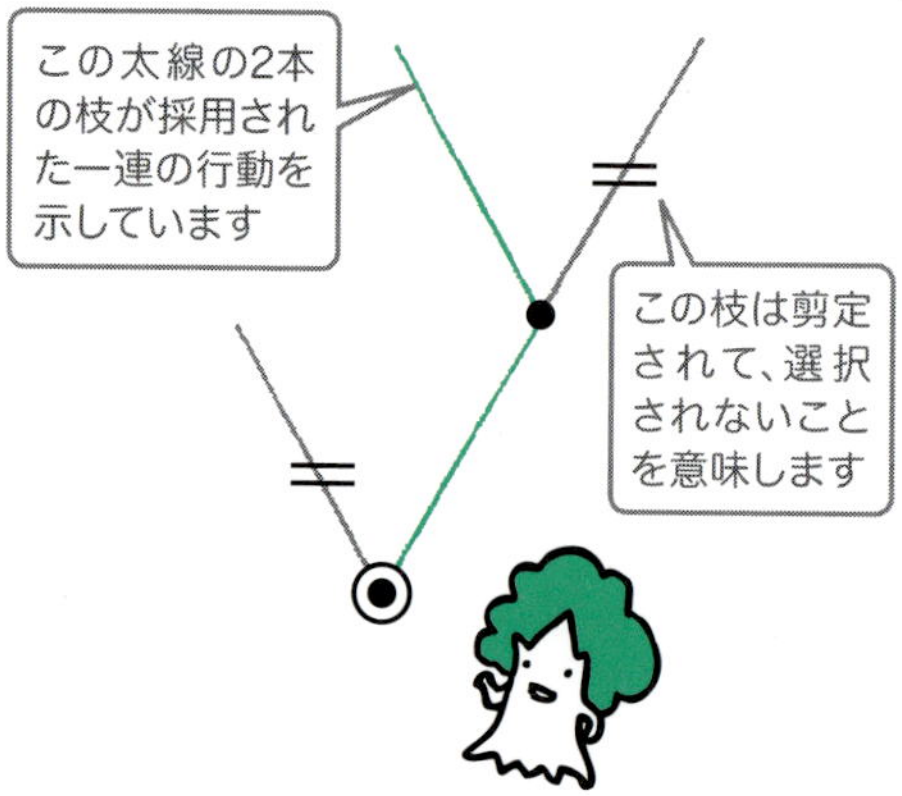
この太線の2本
の枝が採用され
た一連の行動を
示しています
この枝は剪定
されて、選択
されないこと
を意味します

コラム

情報集合

「情報集合」とは、1つ以上のいくつかの節を集めたものです。同じ情報集合に属す節を丸で囲みます。

ジャンケンのゲームの木

プレイヤーAとBが同時に手を出すことをゲームの木で表わしたもの

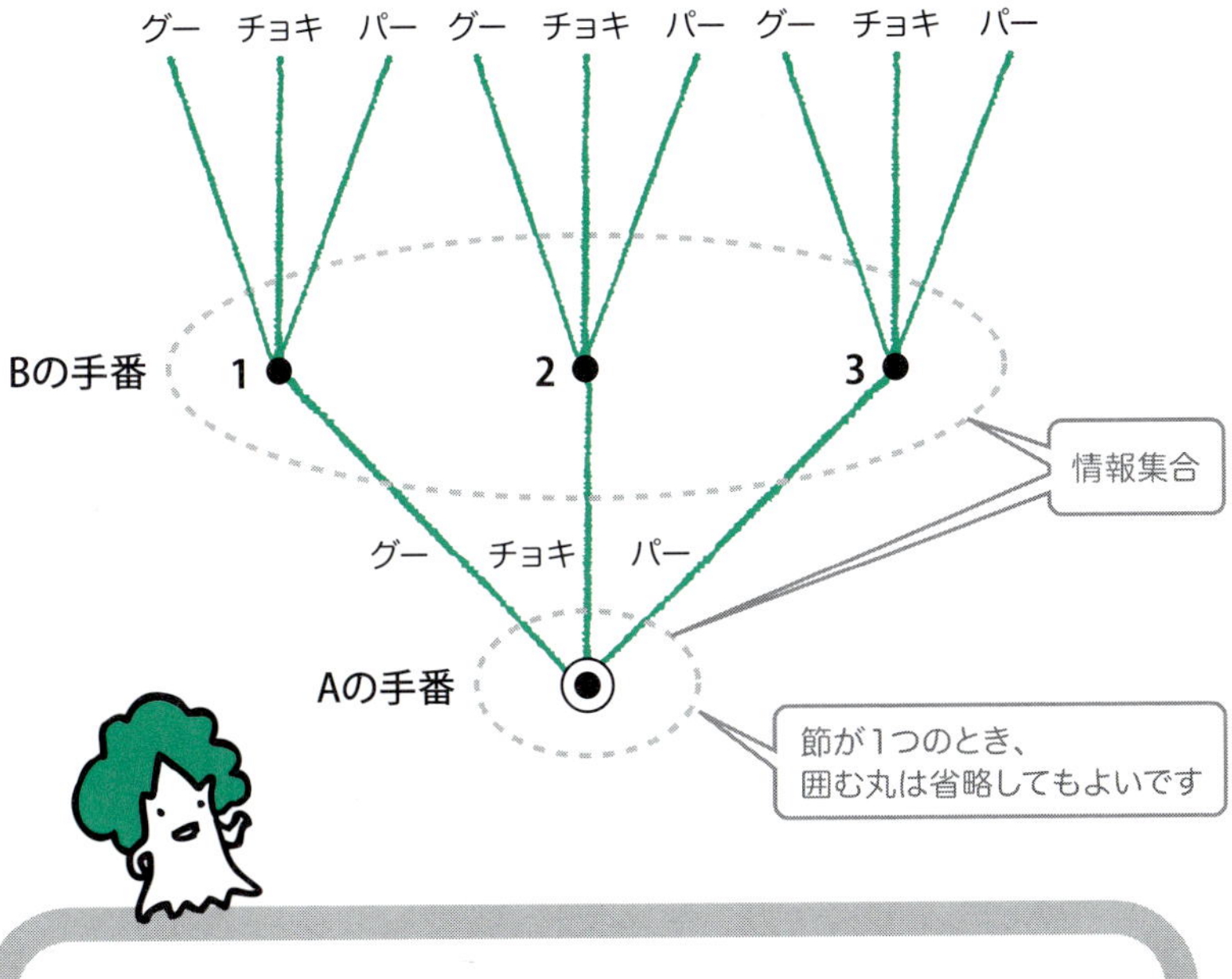

グー チョキ パー グー チョキ パー グー チョキ パー
Bの手番
1
2
3
情報集合
グー チョキ パー
Aの手番
節が1つのとき、囲む丸は省略してもよいです

プレイヤーBは、自分が1、2、3のどの節にいるかわかりません。節による行動の区別ができないので、Bの各節で取り得る行動選択肢はどれも同じでなければなりません。

同じ行動を取っても、結果はどの節にいたかによって違ってくることに注意してください。

10－2 「ゲームの木」から「ゲームの解」を求めてみよう

事例から実際にゲームの木を描いてみる

次の事例をもとに、実際に「ゲームの木」を描いてみましょう。そして、どのようなゲームの木になるかみなさんも考えてみてください。

この事例のゲームの解についても考えてみます。ちなみに、この事例は、某国で実際に行なわれている軍事訓練だそうです。

事例10-1 軍事訓練「手りゅう弾ゲーム」

密閉された部屋の入口近くにあなたが、反対側に9人の仲間の兵士がいる。

入口が急に開いて敵が手りゅう弾を投げ込んだ。爆発までに2秒。あなたが手りゅう弾を外へ投げるのに3秒。しかし、あなたが手りゅう弾の上に身を伏せるのは1秒。そうすれば、あなたは死ぬが9人の仲間は助かる。あなたは1秒で外へ出られるが、外には敵がいるので、銃撃を受けて殺されるだろう。部屋の隅に逃げるのに1秒。しかし、密閉された部屋で手りゅう弾が爆発すれば全員死ぬ。

さあ、あなたはこの状況でどういう行動を取りますか。あなたの利得は、あなたが救える仲間の人数、敵の利得は殺せる相手の人数とします。

手りゅう弾ゲームのゲームの木

では、手りゅう弾ゲームを「ゲームの木」で表現してみましょう（次ページ図表10－4）。

このゲームには、バックワード・インダクションという考え方を使って「ゲームの解」を求めることができます（展開形表現すべてでバックワード・インダクションが使えるわけではありません。Part 18で解説する情報完備ゲームのときに使えるのです）。

バックワード・インダクションとは？

「バックワード・インダクション」は、**後ろ向き推論法**と訳されます。「ゲームの木」の最後の「葉」から「根」に向かって、各手番での選択を追っていき、「根」において最終的な利得を最大化する「枝」がどれかを決めるものです。

手りゅう弾ゲームを解く

では、手りゅう弾ゲームを解いてみます。次の2段階の推論を行ないます。

① 「先読み」をする

ゲームを「根」から「葉」まで、追っていくことを**先読み**と言います。ゲームの木を描くことができれば、簡単にどのプレイヤーがどのような行動選択肢を持ち、どのような手番を経て最終結果にたどりついているかがわかります。

② バックワード・インダクション（後ろ向き推論法）

バックワード・インダクションは、次の手順を踏んで行ないます。

Ⅰ 「根」から伸びている一連の枝について、最後の手

10-4　手りゅう弾ゲームのゲームの木

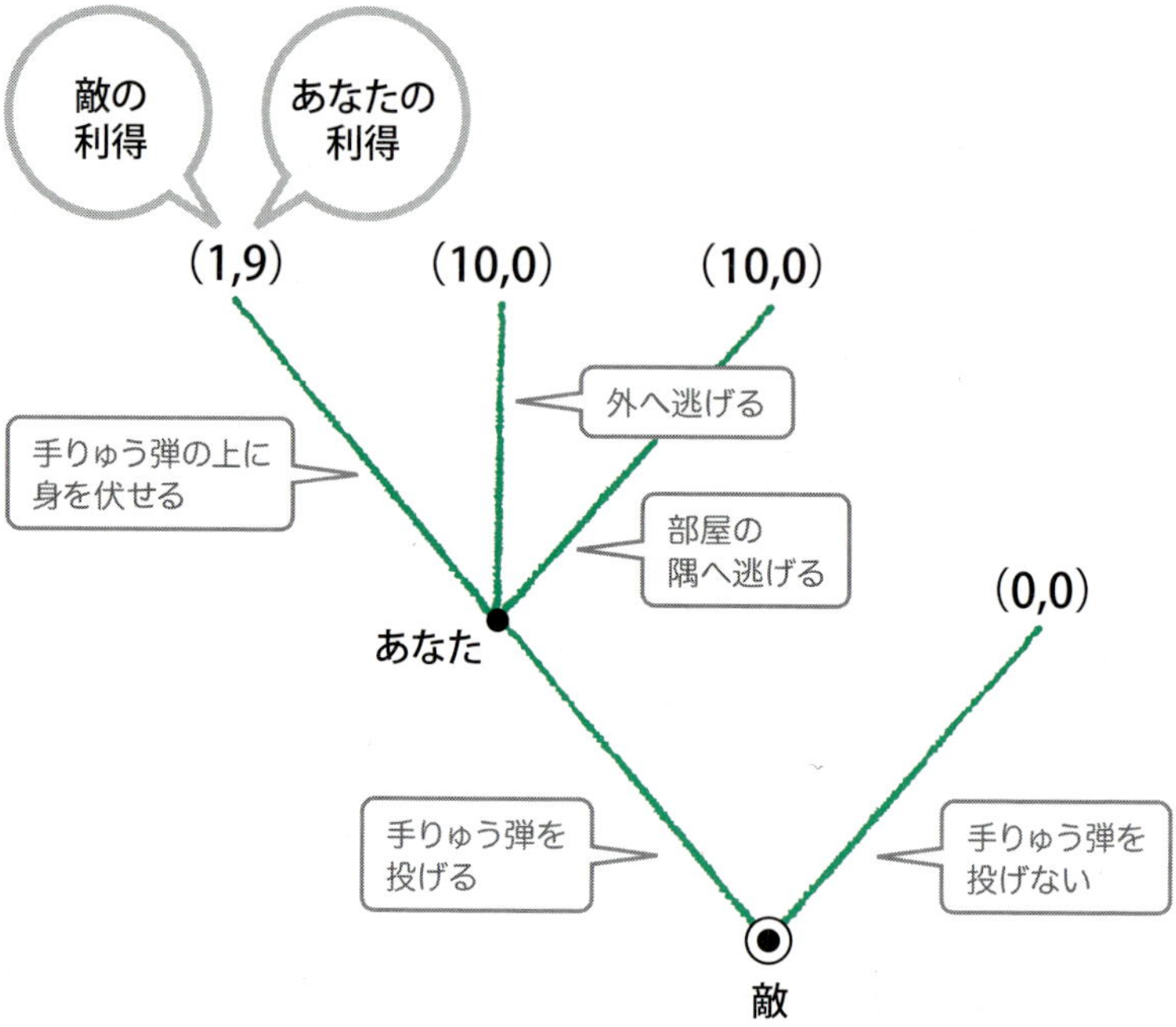
敵の
利得
あなたの
利得
(1,9)
(10,0)
(10,0)
外へ逃げる
手りゅう弾の上に
身を伏せる
部屋の
隅へ逃げる
(0,0)
あなた
手りゅう弾を
投げる
手りゅう弾を
投げない
敵

敵が手りゅう弾を投げてこなければ、そもそも命を救うかどうかという事態にならないので、あなたの利得は0です

10-5　手りゅう弾ゲームのサブゲーム

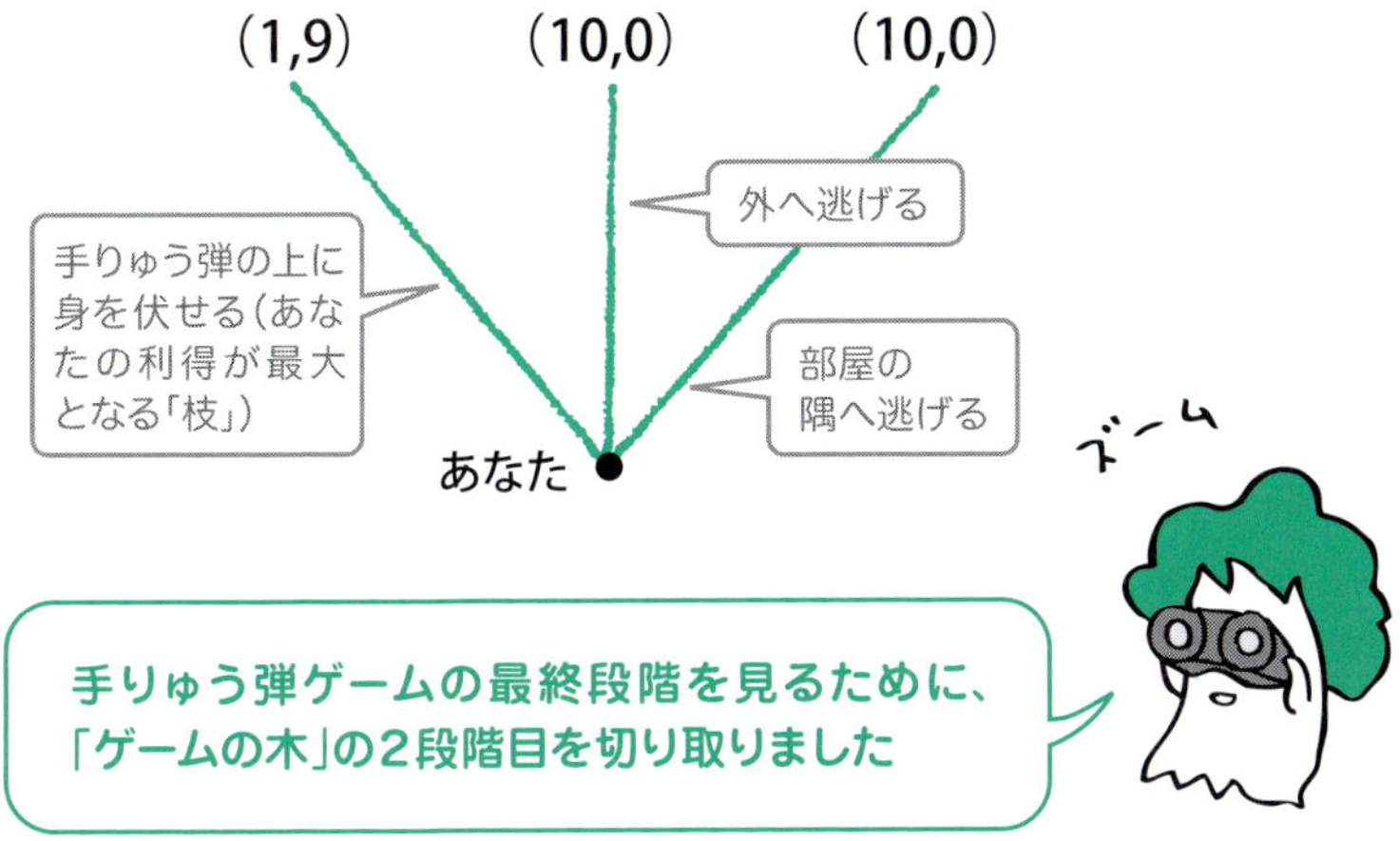

(1,9)
(10,0)
(10,0)
外へ逃げる
手りゅう弾の上に身を伏せる（あなたの利得が最大となる「枝」）
部屋の隅へ逃げる
あなた
ズーム
手りゅう弾ゲームの最終段階を見るために、「ゲームの木」の2段階目を切り取りました

番の意思決定を検討する（利得を比較する）

手りゅう弾ゲームは2段階で成り立っています。そこでまず、ゲームの最終段階を見るため、2段階目の「ゲームの木」の一部を切り取ってみます（図表10－5）。

図表10－5を見ると、やはり「根（元の図では「節」の部分）」があって「枝」があります。切り取ったゲームの木も、ゲームの木の形をしています。これを**サブゲーム（部分ゲーム）**と言います。

サブゲームにおいて、最善の行動選択は何かを考え、その「枝」のなかで利得を最大とする行動を選びます。このサブゲームでは、「手りゅう弾の上に身を伏せる」が選ばれます。

Ⅱ「根」にさかのぼって、根のプレイヤーがどの枝を選べば利得を最大とできるかを検討して、意思決定する

次に、「根」における敵の行動選択肢を検討します。

敵が「手りゅう弾を投げる」場合、Ⅰで見たように、あなたが「手りゅう弾の上に身を伏せる」ため、

敵の利得は1となることがわかります。一方、「手りゅう弾を投げない」場合は、利得は0です。

　これらの利得を比較して、敵は大きい利得を取れる行動を選択します。つまり、敵は「手りゅう弾を投げる」を選択することになります。

　手りゅう弾の事例の場合、「手りゅう弾の上に身を伏せる」のが合理的と言えます。しかし、実際にそのような場面に出くわしたとき、おいそれと実行できることではありません。人間の「生きたい」という本能がそれを躊躇《ちゅうちょ》させるからです。

　ただし、そのためらいは、仲間にとっては「命取り」です。手りゅう弾にもっとも近いところにいる人間がしかるべき行動を取らないために、部屋にいる全員が死んでしまいます。

　この本能を抑制するために訓練が行なわれるのですが、訓練の結果、ためらいなく手りゅう弾に身を伏せることができるようになるそうです。

10－3 社会的な事例を「ゲームの木」で検討してみよう

軽い罪にも厳罰を科せば犯罪を抑止できるのか？

社会的に関心を呼ぶ犯罪が発生するたびに、厳罰化を求める声が起こることしきりです。しかし、軽い罪に対しても重罰を科したほうが、犯罪抑止効果があるのでしょうか。犯人と司法（国民）をプレイヤーとして、ゲームの木を使って考えてみることにします。

この事例のゲームの木からゲームの解を求める場合にも、やはり「バックワード・インダクション」を用いてみましょう。

厳罰化方針の場合

まず、「軽い罪にも重い罪と同じ罰を科す」ことにした場合を考えてみます。

犯罪者に対して司法当局が罰を与え、国民が利得を得るとします。犯罪者の利得は、懲役年数の単位である年数を取り、わかりやすくマイナスで表示した数値だとします。

一方、国民の利得は、社会正義を実現することとします。

いま、軽い罪を犯そうか重い罪を犯そうか迷っている犯罪者がいるとします。この犯罪者は自分の利得が

10-6　軽罪にも重罰を科す場合

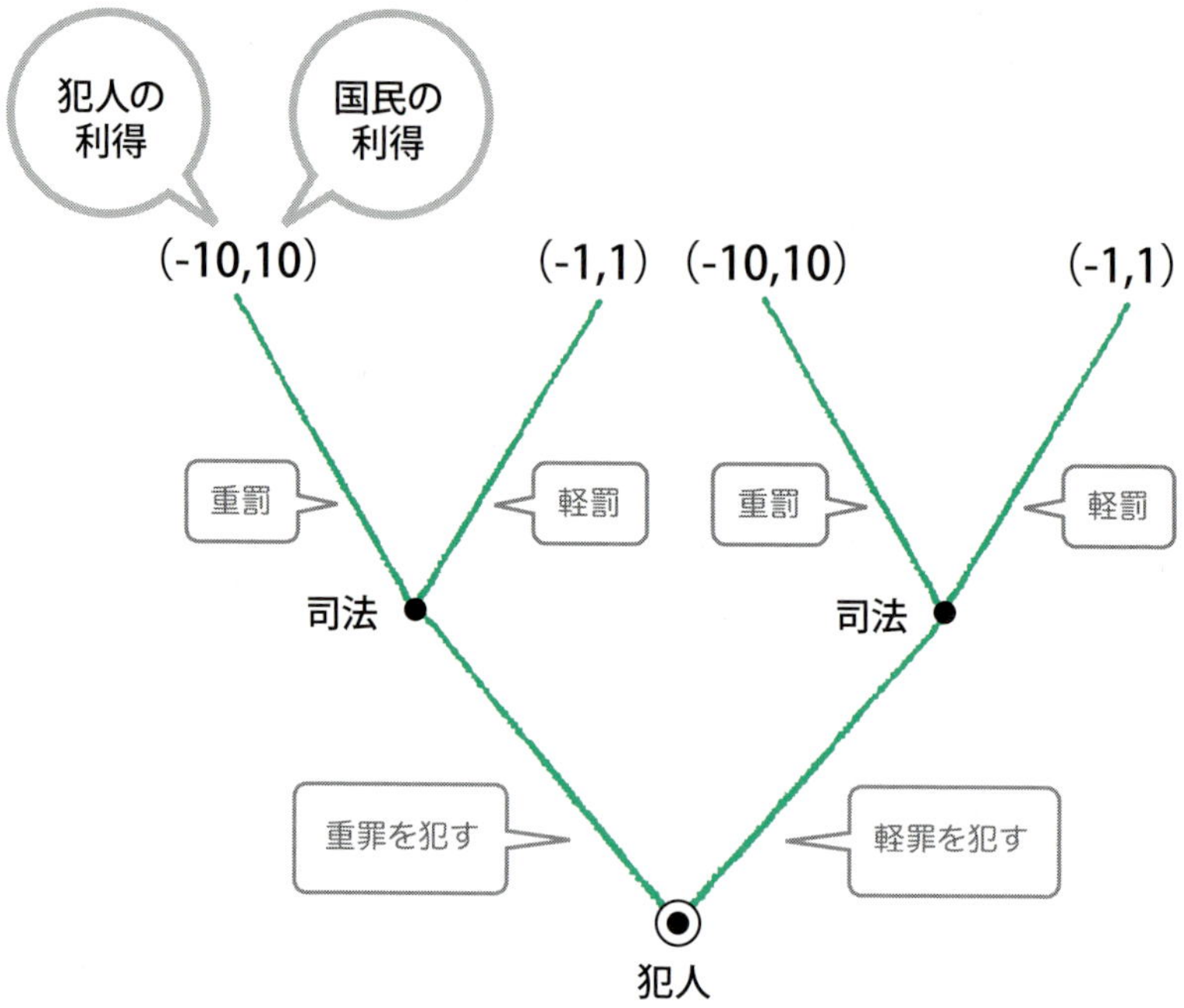
犯人の利得
国民の利得
(-10,10)
(-1,1)
(-10,10)
(-1,1)
重罰
軽罰
重罰
軽罰
司法
司法
重罪を犯す
軽罪を犯す
犯人

犯人が軽罪か重罪を犯すとき、どちらの利得が大きいかを確認してください

10-7 「根」のところで犯人の利得を判断する

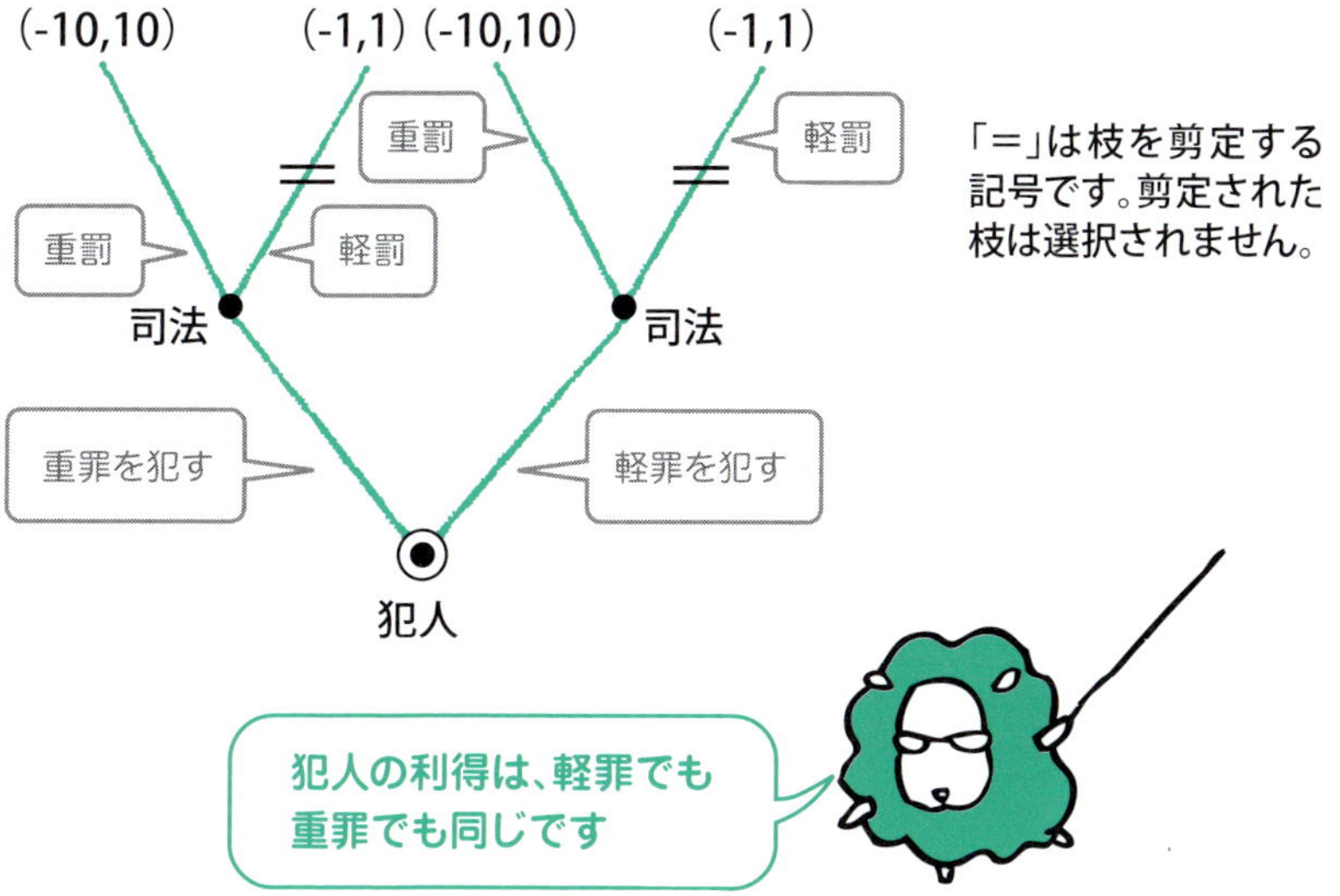
(-10,10)
(-1,1)
(-10,10)
(-1,1)
重罰
軽罰
重罰
軽罰
司法
司法
重罪を犯す
軽罪を犯す
犯人
「＝」は枝を剪定する記号です。剪定された枝は選択されません。
犯人の利得は、軽罪でも重罪でも同じです

大きいほうを犯すつもりです。司法は厳罰化の方針なので、このゲームをゲームの木で表わすと図表10―6のようになります。

ゲームの木では、犯罪者が「重罪を犯す」か「軽罪を犯す」かの岐路に立っているところを根とします。

「重罪を犯す」枝を見ていくと、次の手番では司法が罰を決めるところになっています。葉のところの国民の利得を見ると、重罰であれば10、軽罰であれば1です。司法は利得の大きい「重罰を科す」ことがわかります。

次に、「根」に戻って「軽罪を犯す」枝のほうを見ていきます。司法の手番で国民の利得は、重罰であれば10、軽罰であれば1なので、司法は「重罰を科す」を選択します。

2段階目の手番の吟味が終わったので、ゲームの木をさかのぼります（図表10―7）。

犯人は、どちらの罪を犯すと利得が大きいかと思案するところです。重罪を犯すと、犯人の利得はマイナス10ですが、軽罪を犯しても結局はマイナス10で、重罪を犯すのと変わりがありません。

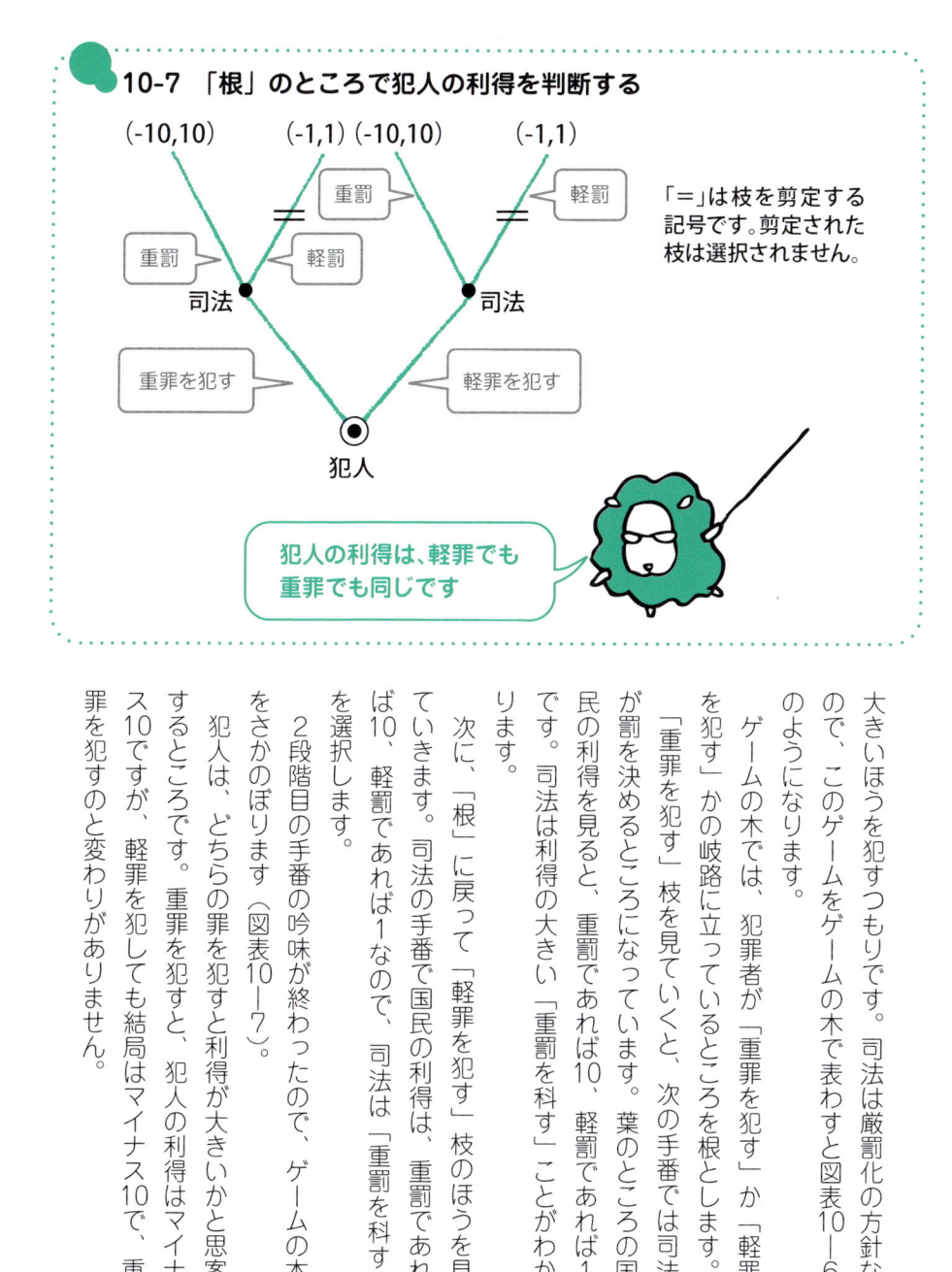

10-8　犯罪に応じた罰を望ましいとする場合

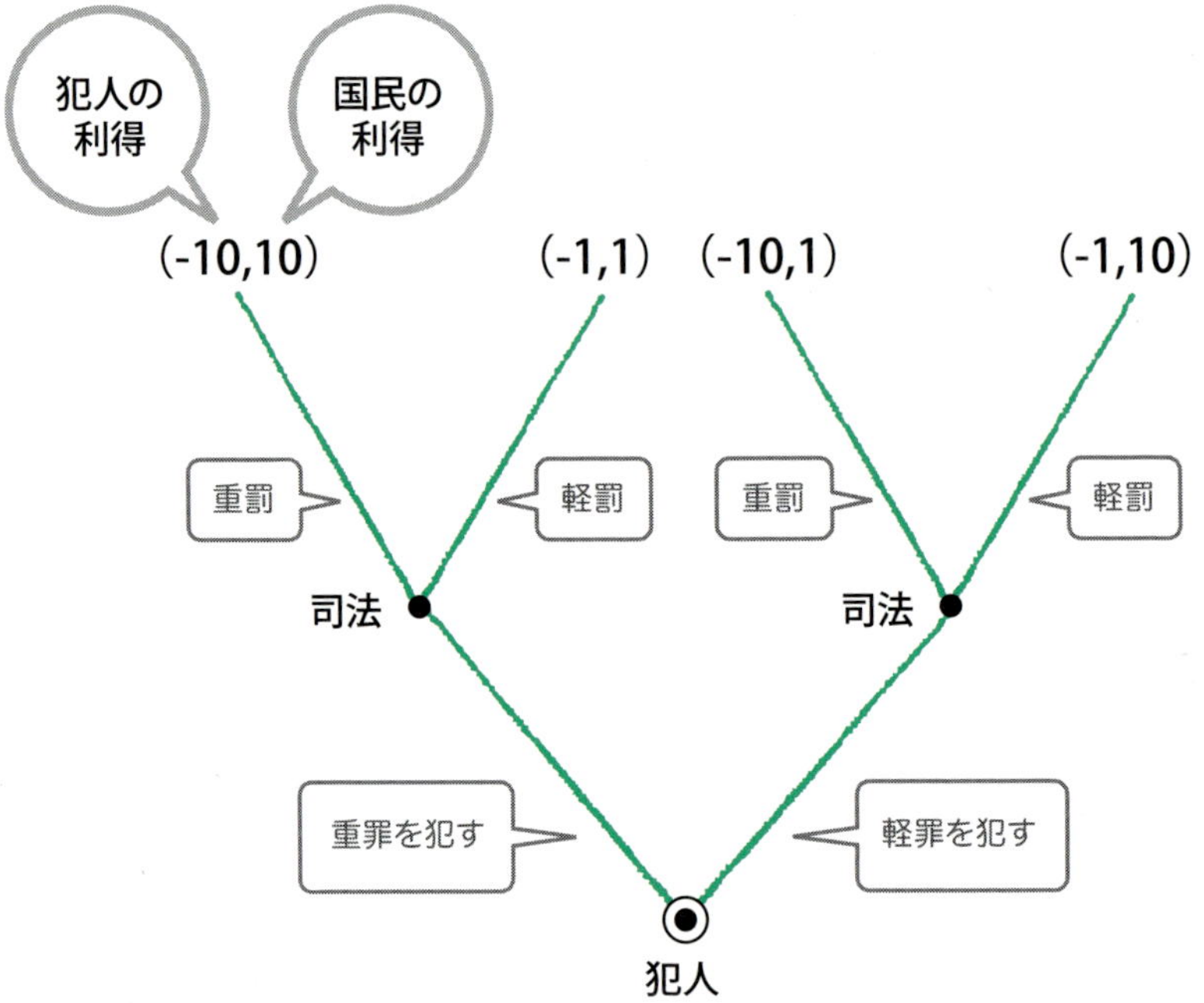
犯人の利得
国民の利得
(-10,10)
(-1,1)
(-10,1)
(-1,10)
重罰
軽罰
重罰
軽罰
司法
司法
重罪を犯す
軽罪を犯す
犯人

犯人に犯罪に応じた罰を科すと
犯人の利得、国民の利得がともに
大きく変わることがわかります

このことは、犯人にとって軽罪を犯そうが、重罪を犯そうが、その利得は同じです。言い換えると、厳罰化は罪の重い犯罪を抑止する効果がないことを意味しています。

この犯人は、状況次第で軽罪を犯す場合もあれば、重罪を犯す場合もあるということです。

応罪科罰方針

次に、罪に応じた罰を科す場合を見てみましょう。ゲームの利得の表わし方は、厳罰化方針の場合と同様ですが、応罪科罰方針において、国民は罪に応じた罰が与えられた場合、高い利得を得ると考えます。

しかし、罪に応じない罰が科された場合（重い罪に軽い罰を、軽い罪に重い罰を与えたときなど）は、利得が低くなります。利得の数値は、高い場合を10、低い場合を1とします（図表10－8）。

厳罰化したときと同じく、バックワード・インダクションで推論してみると、「軽罪を犯す」か「重罪を犯す」かを迷っている犯人は、「軽い罪を犯す」ほう

10-9　応罪科罰における犯人の利得

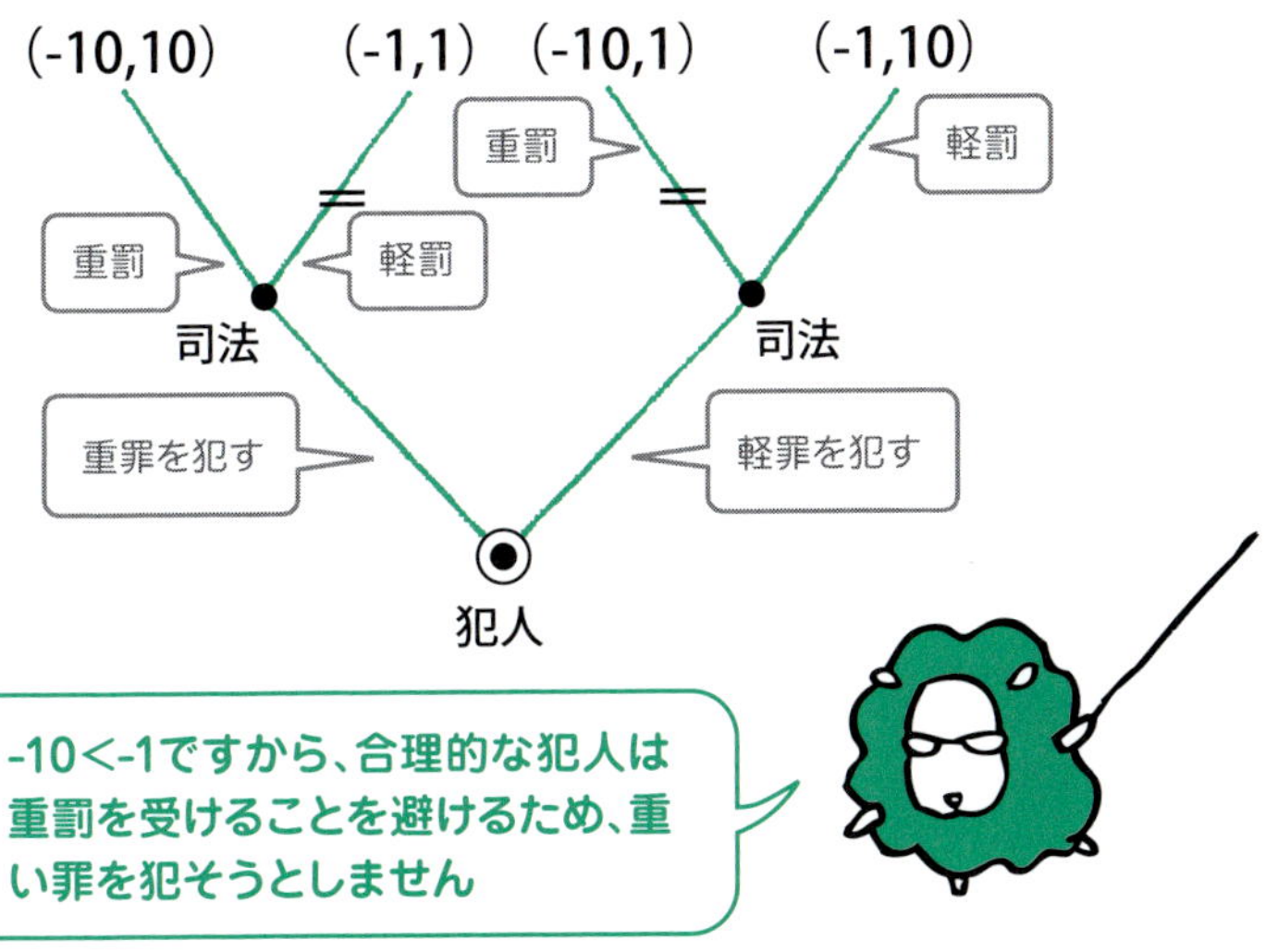
(-10,10)
(-1,1)
(-10,1)
(-1,10)
重罰
軽罰
重罰
軽罰
＝
＝
司法
司法
重罪を犯す
軽罪を犯す
犯人
-10＜-1ですから、合理的な犯人は重罰を受けることを避けるため、重い罪を犯そうとしません

が利得が大きいことがわかります。つまり、応罪科罰方針において、犯人は「重罪を犯す」ことを思いとどまることになるでしょう（前ページ図表10―9）。

厳罰化と応罪科罰を検討する

ここまで検討した結果、いたずらに軽い罪に対して厳罰化の方向に傾いたとしても、犯罪抑止効果はないことがわかります。

罪に応じた罰を与えるほうが、犯罪抑止効果としては優れていることが、「ゲームの木」を描いて考えることで、はっきりと納得することができるのではないでしょうか。

Part 11

「戦略的操作」で相手を意のままに動かす

11－1 戦略的操作には3つの類型がある

ゲームにおいて、自分の利得のみを考え、誰からも拘束されずに意思決定を行なうプレイヤーを、こちらが有利になるように自らから行動させるのは至難と思われるでしょう。

しかし、ゲーム理論の原則を使うことによって相手の行動に影響を与え、あなたの思いを実現させることも不可能ではありません。

戦略的操作の3つの類型

逐次手番ゲームにおいて、自分にとって都合のよい行動を、相手に働きかけて取らせる手段を**戦略的操作**と呼びます。

戦略的操作を使う場合、もしそのゲームが「同時手番ゲーム」であれば、「逐次手番ゲーム」に変換してしまいます。

戦略的操作は、次の3つの類型に分類できます（図表11－1）。

①脅し
②コミットメント
③約束

11-1 戦略的操作の３類型

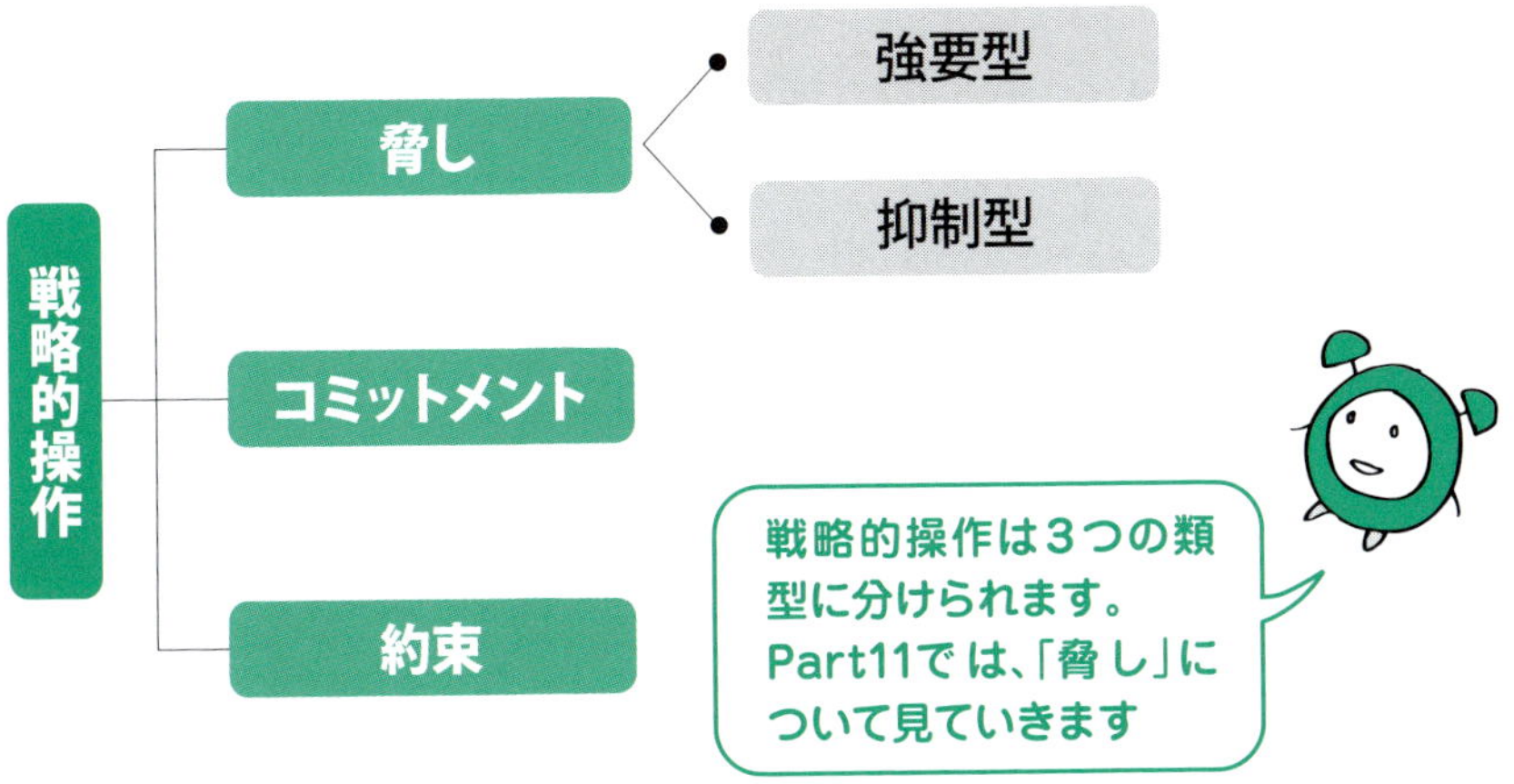
戦略的操作
脅し
強要型
抑制型
コミットメント
約束
戦略的操作は３つの類型に分けられます。Part11では、「脅し」について見ていきます

ここでは、戦略的操作の「脅し」にどのような特徴があるのかを見ていきます。「コミットメント」については Part 12、「約束」については Part 13で解説します。

「脅し」の2つの型とその特徴

戦略的操作で、もっともよく使われる手段が**脅し**です。

「脅し」には、次の2つの型があります。

①「……しろ、さもないと……するぞ」と相手に何かを強要する型

②「……するな、さもないと……するぞ」と相手の動きを抑制しようとする型

脅す側は、相手の行動に応じて、自分の取る脅しの型をあらかじめ相手に示しておきます。脅しが利けば、相手はこちらに都合のよい行動を選択することになります。

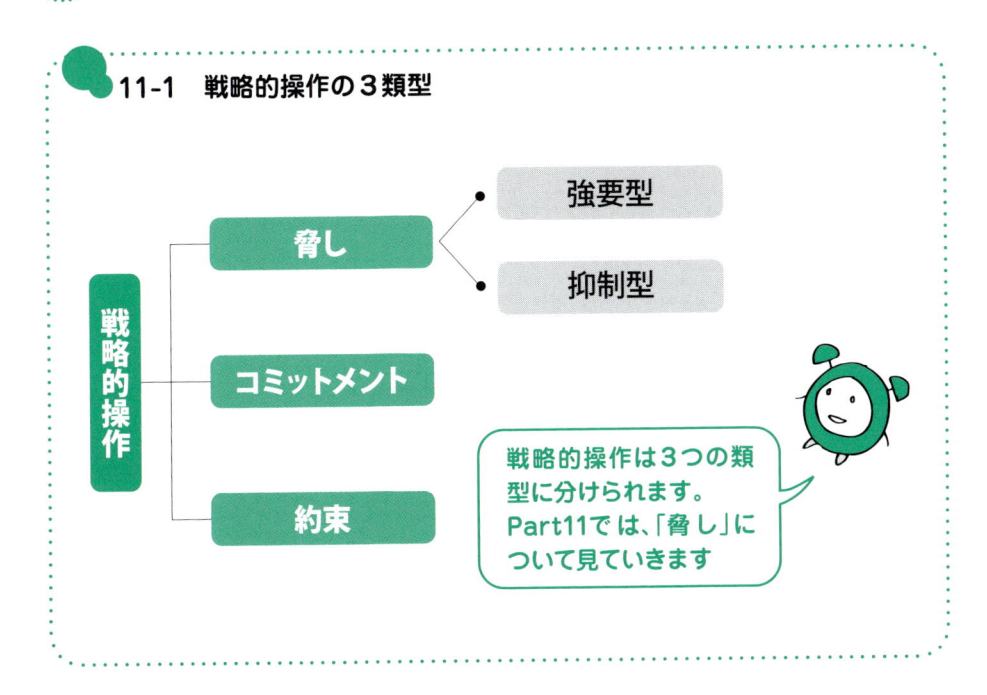

11－2

「脅し」をするために大切なことは？

「脅し」にはどんな効力がある？

相手に対して自分の都合のよい行動を取らせるために脅しを用いる場合には、相手が行動を取った後に自分が行動に移るというのが前提となります。

脅しにはどのような効力があるのか検証してみましょう。銀行強盗ゲームをもとに、「脅さない」場合と「脅す」場合とで、効力にどれくらいの差があるかを比較してみます。

銀行強盗が脅さない場合

銀行強盗が銀行に行き、1億円を渡すように要求しました。銀行には、銀行強盗に「1億円を渡す」か「渡さない」かの戦略があります。どちらを選択すると思いますか。

銀行の対応

銀行は、銀行強盗に1億円を渡せば損をしますから、「渡さない」を選択します。「ゲームの木」を描くまでもなく、常識的な判断をすれば同じ結論に達するでしょう。

銀行強盗が脅す場合

銀行強盗が銀行に行き、1億円を渡すように要求したことまでは同じです。しかし、この銀行強盗は全身にダイナマイトを巻きつけており、「もし1億円を渡さなければ、ダイナマイトを爆発させる」と脅しました。

銀行は、爆発が起これば現金を損失するばかりでなく、人命や建物にも被害を受けることになります。居合わせた顧客や行員を30人とします。銀行の合理的で賢明な行動はどうあるべきでしょうか。

「脅し」をゲームの木で描いてみると……

人が死んだ場合を利得で表わすのはむずかしいことですが、交通事故による死亡では、その人が生きていた場合の予想収入を貨幣価値に換算することで利得とします。それを援用します。

ここでは1億円として、億円の単位を取って利得を1とし、死亡したり、被害が発生した場合はマイナスで表わすとします。

銀行が1億円を渡したとしても、銀行強盗がダイナマイトを「爆発させる」場合、その被害は人命や建物の損害を含めて40億円とすると、銀行の利得はマイナス40となります。

1億円を渡さず、銀行強盗がダイナマイトを「爆発させる」ときの銀行側の利得は、マイナス39となります。顧客の損害と銀行の損害は厳密には異なりますが、簡略化のため「銀行」をプレイヤーとして一括で扱うことにします。

この事例を「ゲームの木」に描いてみると次ページの図表11―2のようになります。

脅されている銀行はどう行動すべきか?

「ゲームの木」から銀行側の行動を考えてみます。

銀行が「1億円を渡す」場合に、銀行強盗がダイナマイトを爆発させれば、銀行強盗の利得は1億円の受け取りによる1と、自身の生命喪失によるマイナス1を足して0となります。爆発させなければ受け取った1億円の1ですから、銀行強盗は「爆発させない」行動を選択することがわかります。銀行は、銀行強盗が

11-2　銀行強盗ゲームの「ゲームの木」

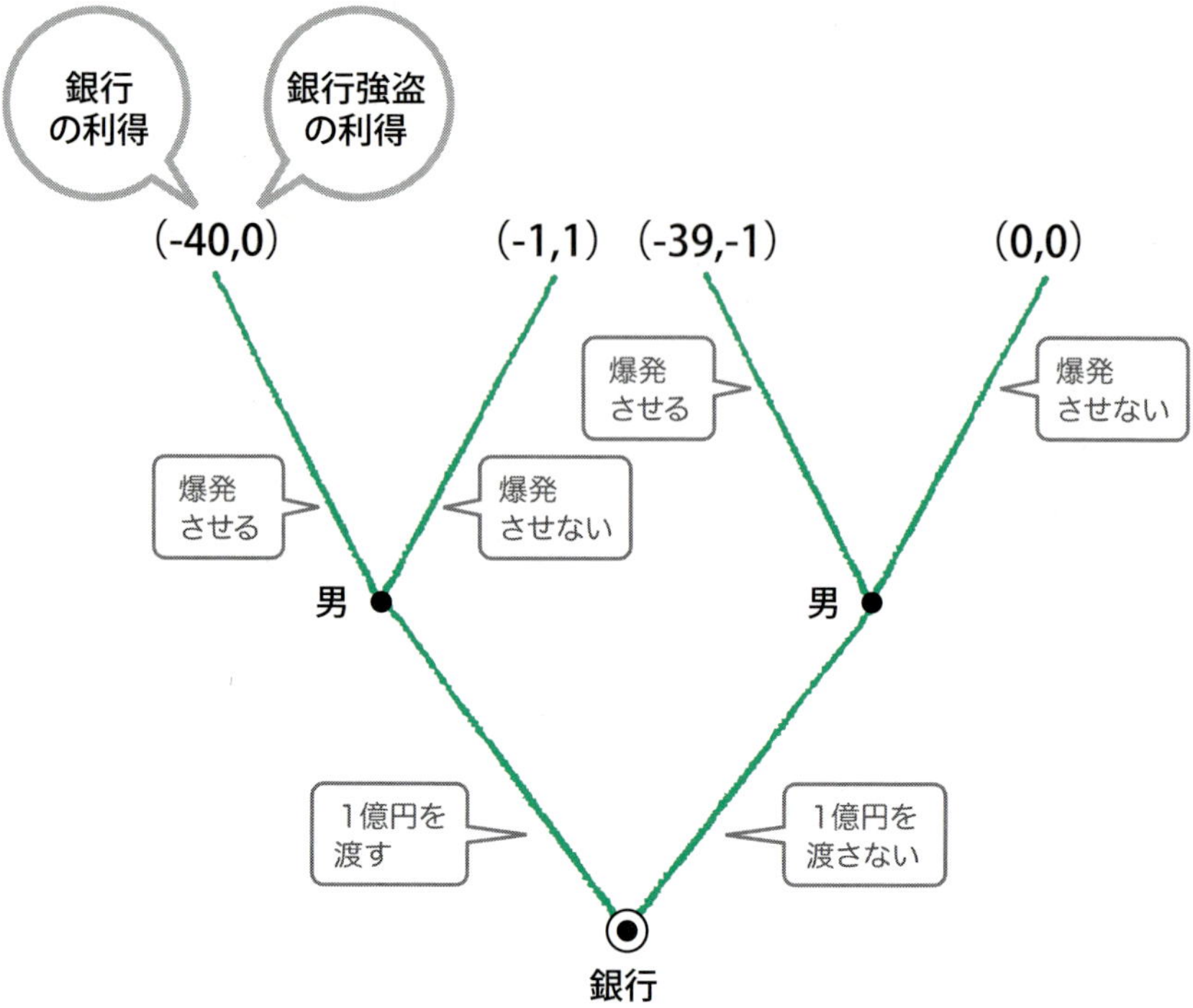
銀行
の利得
銀行強盗
の利得
(-40,0)
(-1,1)
(-39,-1)
(0,0)
爆発
させる
爆発
させない
爆発
させる
爆発
させない
男
男
1億円を
渡す
1億円を
渡さない
銀行

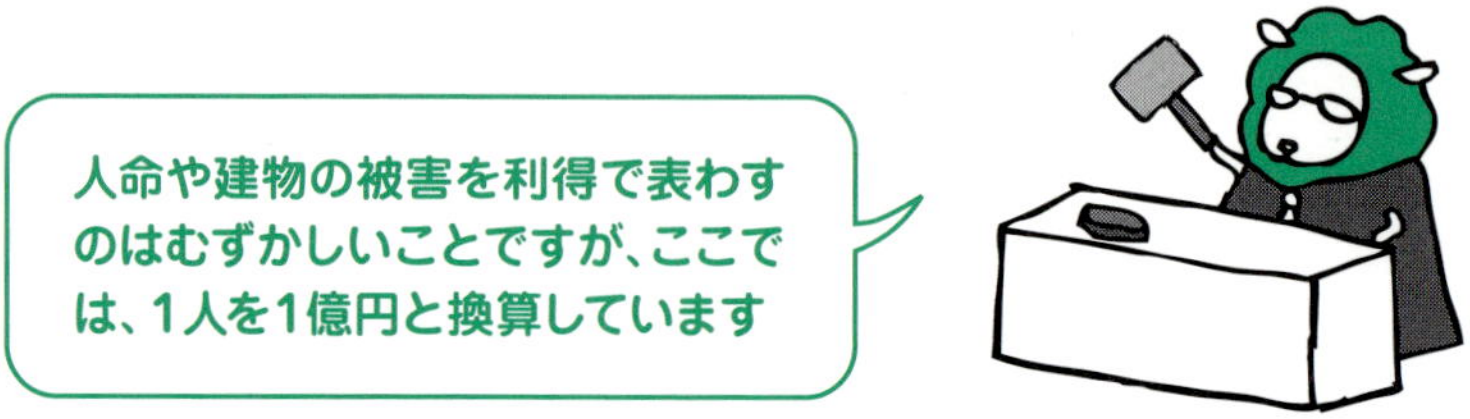
人命や建物の被害を利得で表わすのはむずかしいことですが、ここでは、1人を1億円と換算しています

「爆発させる」ときの銀行の利得マイナス40に比べれば、マイナス1の利得ですんで、ほっとしたと考えればよいのでしょうか。

ちょっと待ってください。銀行が1億円を「渡さない」行動を選択したときのサブゲームを見てみます。銀行強盗は「爆発させる」と、金も受け取れず自分の命も失うので、利得はマイナス1です。そのときの銀行側の利得はマイナス39です。銀行強盗が「爆発させない」ときの利得を見てみると、1億円を受け取れない代わりに、命も失わないので利得は0です。銀行強盗は当然「爆発させない」を選択します。そのときの銀行の利得は0です。

銀行強盗は、「銀行が1億円を渡さなければ、ダイナマイトを爆発させる」と言っておきながら、銀行がその要望に応えなかったとしても、その脅しを実行すると銀行強盗自身が損をするので、脅しどおりには、行動しないのです。

バックワード・インダクションにより、銀行の最善の選択は「渡さない」ことだとわかります。

❖「脅し」には信ぴょう性が必要

実行できない脅しのことを「空《から》脅し」と呼びます。脅しに信ぴょう性があって、銀行強盗が脅しどおりに行動すると銀行を信じさせることができれば、銀行ははるかに被害が少ない、利得マイナス1となる「1億円を渡す」戦略を取ったことでしょう。

しかし、ゲーム理論的な推論により、銀行は脅しに屈しませんでした。男の脅しは失敗したのです。

ポイント

- 脅すことによって「ゲームの解」を変えられる
- 脅すときには、信ぴょう性がなければならない
- 脅しが「空脅し」かどうかを見極める
- 「空脅し」は無視すればよい

Part 12

自分の選択を狭めて戦略的な価値を高める「コミットメント」

12-1 一見、非合理に思われる
コミットメントの“妙”

12-2 コミットメントにも
信ぴょう性が必要

12－1 一見、非合理に思われるコミットメントの〝妙〟

一般的に、「選択肢を多く持っていることは有利」と考えられています。しかし、あえて自分を縛って選択の自由をなくすことが、戦略的な価値を持つ場合があります。

コミットメントとは？

脅しは、相手に直接的に働きかける戦略でした。**コミットメント**は、これに反して、相手の行動とは無関係に、自分の行動の選択肢を狭めることを宣告するものです。

一般的に、選択肢は多いほうが望ましいと考えられるので、コミットメントには非合理な印象を持たれるかもしれません。ところが、これによって戦略的な価値を増すことになるのが、コミットメントの〝妙〟なのです（図表12―1）。

事例に見るコミットメント

コミットメントの効力を知るために、まずコミットメントしない場合を見て、次に同じ事態でコミットメントした場合とを比べてみます。

12-1　コミットメントの構造

自分がコミットメントする ◀ 自分の選択余地をなくす ◀ 相手の選択肢も狭める ◀ 自分に都合のよい選択肢を相手に取らせる

一見、非合理な行動だと思われるコミットメントですが、逆にそれが“妙”なのです

事例12-1 A国とB国の戦闘

戦国時代の話。A国の軍勢１０００人とB国の軍勢３０００人が対峙していた。A国の軍勢の背面には大きな川が流れているが、A国は何艘もの船を持っていたので、いつでも船に乗って逃げることができる。

もし両軍が正面で戦えば、数で勝るB国軍が勝つことは火を見るよりも明らかだ。戦闘のコストは兵士の生命。装備の損耗は無視し、各国の兵士１人当たりの戦闘能力は同じとする。

全面衝突した場合、３倍の敵に対してA国軍は全滅する。しかし、B国軍も同じ兵力の損害を被る。戦闘に勝利した場合は、拠点を獲得でき、拠点獲得の利得を兵士の損耗と同じ価値尺度で換算し、両国軍とも５００とする。

戦略は「戦う」と「退却する」です。両軍が「戦う」戦略に出た場合の両国の利得は、A国軍がマイナス１０００、B国軍が「拠点獲得－兵力損耗」でマイナス５００となります。

一方が戦い、他方が退却したときは、勝利したほうが拠点を獲得して利得５００、退却したほうは兵力損耗なしで０とします。両軍が「退却」した場合、双方の利得は０となります。

これらのことから図表12—2のような利得表をつくることができます。

コミットメントしない場合

図表12—2の利得表を見ると、ナッシュ均衡は２つあることがわかります。〔「A国軍戦う」、「B国軍退却する」〕と〔「A国軍退却する」、「B国軍戦う」〕の２つの組です。

理論的に、どちらの均衡が成り立つかを明言することはできません。両軍の将軍は対峙しながら戦略を練り続けます。

ナッシュ均衡が２つあり、どちらが実現するかはわからないとしても、数で勝るB国軍は、A国軍が撃って出てきたとしても退却するとは考えられません。すると、背面の大きな川を幸いに「船で逃れるのが得策

12-2　A国軍とB国軍の利得表

		B国軍	
		戦う	退却する
A国軍	戦う	-1000, -500	500, 0
	退却する	0, 500	0, 0

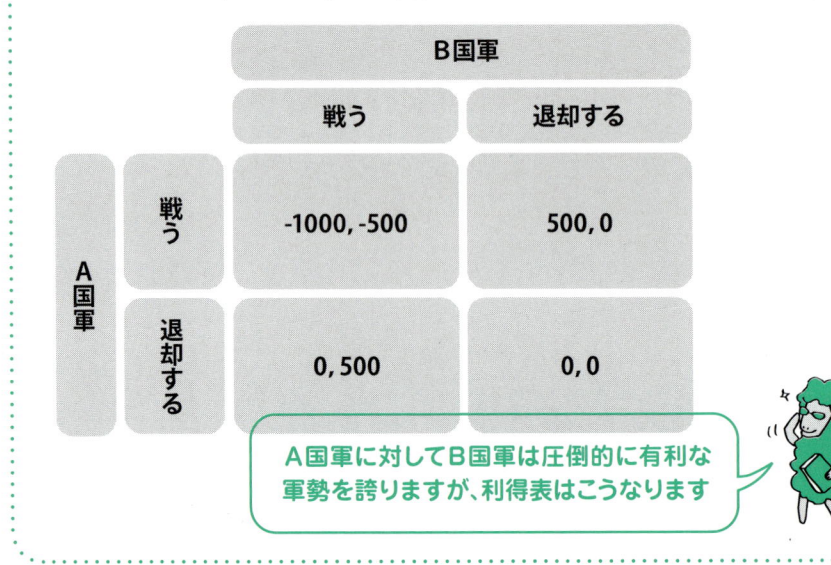

A国軍に対してB国軍は圧倒的に有利な
軍勢を誇りますが、利得表はこうなります

だ」とA国軍の将軍が考えても、おかしくないのではないでしょうか。

コミットメントした場合（A国軍がコミットメントする）

B国軍の斥候《せっこう》が戻ってきて、将軍にA国軍の様子を伝えました。それによるとA国軍は、持っていた船のすべての艫綱《もやい》を切ったり、船を焼いたりして、1艘残らず捨ててしまったと言います。

つまり、A国軍は「退路を断ってしまった」のです。その知らせを聞いて、B国軍の将軍は顔色を変えました。

❖B国軍の将軍の決断は？

A国軍の行動は、コミットメントを行なったということです。船を捨てたということは、「退却」はしないと宣言したことを意味します。取り得る2つの戦略のうち一方を排除して、自分の取り得る戦略を狭めてしまったのです。

12-3 コミットメントした場合、しなかった場合

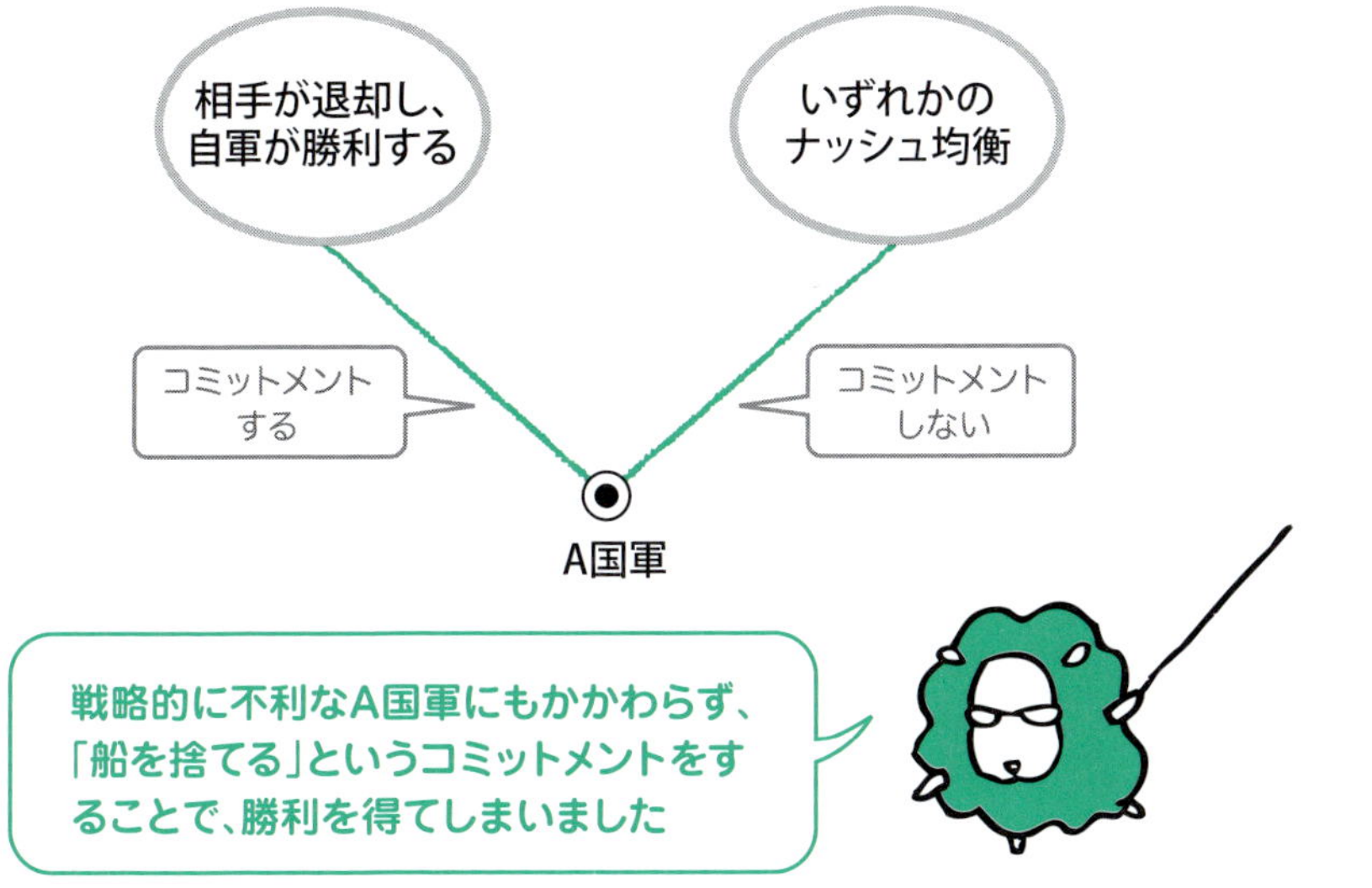
相手が退却し、自軍が勝利する
いずれかのナッシュ均衡
コミットメントする
コミットメントしない
A国軍
戦略的に不利なA国軍にもかかわらず、「船を捨てる」というコミットメントをすることで、勝利を得てしまいましたその結果、残る選択肢は「戦う」しか残りません。このままでは、A国軍の惨敗は火を見るよりも明らかではありませんか。

B国軍の将軍は、「戦う」場合と「退却する」場合の利得を比較します。すると、「戦う」の利得はマイナス500、「退却する」の利得は0ですので、退却するほうが利得が大きいため、なんとB国軍は退却してしまいます（前ページ図表12―3）。

A国軍はコミットメントをすることで、B国軍を退却させることができました。コミットメントは自分の行動を狭める戦略的操作ですが、相互依存関係にあるゲーム的状況では、相手の行動をも狭めることになるのです。

つまり、自分の行動を狭めることで、実現するナッシュ均衡を変えることができます。その結果、自分に有利な均衡に導くことが狙いなのです。

ポイント

コミットメントをすることで、相手の行動を変えさせ、自分に有利な均衡を実現させる

12－2 コミットメントにも信ぴょう性が必要

コミットメントにおける信ぴょう性

次の事例から、コミットメントにも信ぴょう性が必要であることを見てみます。

事例12-2 工場進出

A社は、中堅の半導体製造業者で、新規工場の進出用地を東北地方と九州地方の候補地に絞り込んだが、ライバル社であるB社が、増産のため地方に工場進出を計画していることを知った。

両社の物流コストや経営環境、動向などを考慮し、工場進出による増収利益を利得として推定したところ、次ページの図表12－4のような利得表ができました。単位は億円です。

ナッシュ均衡であるA社が九州地方、B社が東北地方へそれぞれ進出すると、A社は4億円の増益、B社は6億円の増益になると読めます。しかし、もしA社が東北へ、B社が九州へ進出すれば、A社の増益は5億円、B社は4億円となり、A社は1億円多い利益を手にします。

A社としては、B社が九州へ進出してくれれば、東北へ進出するほうが有利になります。しかし、ナッシ

12-4　A社とB社における工場進出の利得表

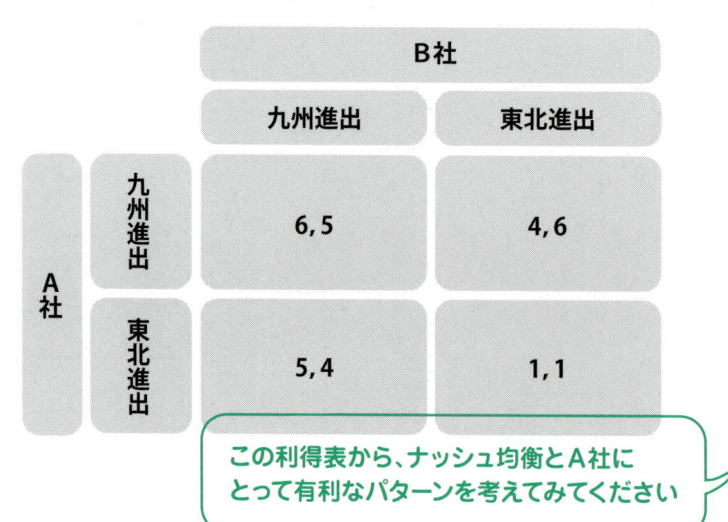

		B社	
		九州進出	東北進出
A社	九州進出	6, 5	4, 6
	東北進出	5, 4	1, 1

この利得表から、ナッシュ均衡とA社に
とって有利なパターンを考えてみてください

ュ均衡は〔「A社九州進出」、「B社東北進出」〕で、A社の目論見は実現しそうにもありません。どうすればB社に九州へ進出するように方針を転換させられるでしょうか。

A社の戦略を考える

このような状況においては、A社が「わが社は工場を東北地方に建設する」とコミットメントするとよいのです。A社は、九州への工場建設を自ら禁じてしまいます。

これが正解かどうか、「ゲームの木」を描いて確認してみましょう（図表12－5）。

ゲームの木で確認してみる

「根」にA社を置きます。A社が候補地を東北に絞ることは、九州の選択肢となる枝を剪定することを意味します。

すると、B社の手番は「節」であるB1とB2のうちB2しかなくなります。B社が東北と九州それぞれ

12-5　工場進出のゲームの木

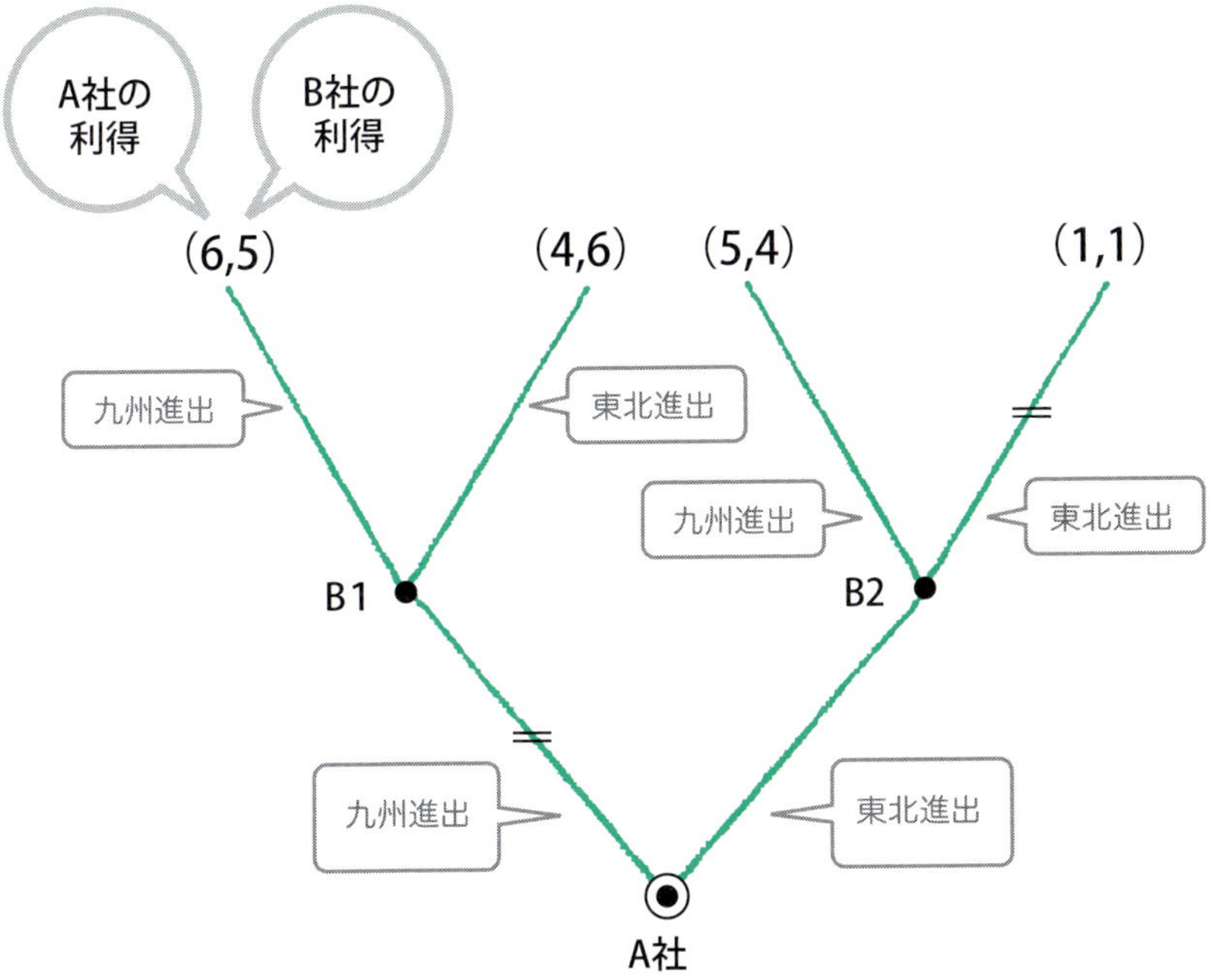
A社の利得
B社の利得
(6,5)
(4,6)
(5,4)
(1,1)
九州進出
東北進出
九州進出
東北進出
B1
B2
九州進出
東北進出
A社

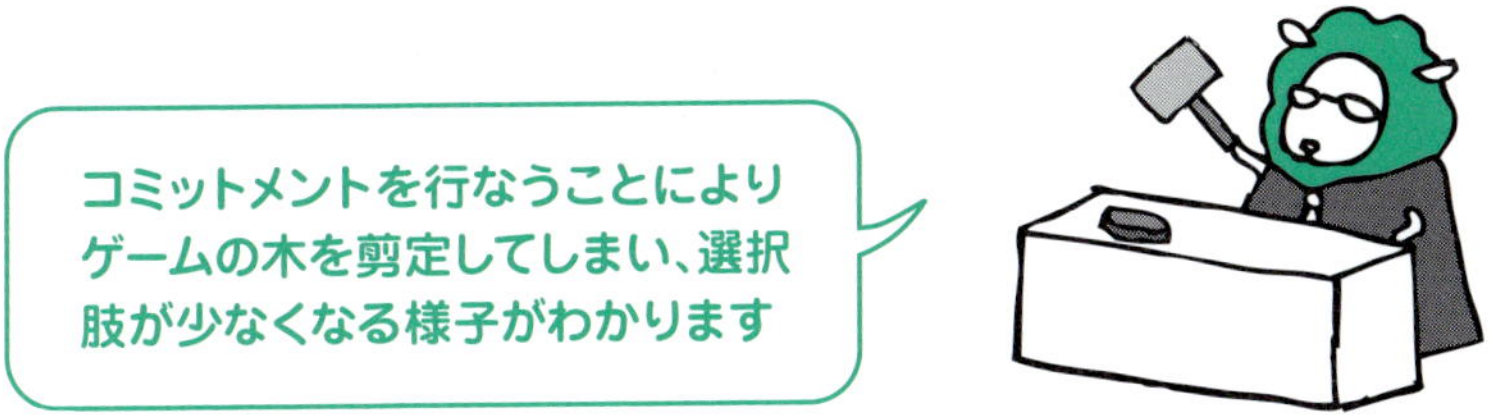
コミットメントを行なうことにより
ゲームの木を剪定してしまい、選択
肢が少なくなる様子がわかります

に工場を建設した場合の利得を比較すると、九州は4、東北は1となるので、B社は東北ではなく九州へ進出することになるでしょう。

A社がコミットメントした結果、A社は東北進出、B社は九州進出が実現します。これによりA社は、コミットメントしない場合のナッシュ均衡より、1億円の増益を勝ち取ることができました。

このケースにおけるB社の決定は、A社のコミットメントを信じたために実現しました。

しかし、B社がA社のコミットメントを信じなければ、この結果は実現しません。

コミットメントの信ぴょう性

コミットメントにおいても、脅しと同様にその信ぴょう性によって効力が生じます。コミットメントしても相手がそれを信じてくれなければ、まったく効果を発揮しないのです。

どうすればコミットメントについての信ぴょう性を持たせることができるかを、Part 14で考えてみます。

Part 13

「約束」を見極めて有利な展開を考える

13－1

「約束」を実行する場合に必要なものとは？

Part 11、12では、戦略的操作のなかの脅しとコミットメントについて見てきました。ここでは、戦略的操作の残る1つである「約束」の効力などを見ていきます。

「約束」の効力とは？

脅しは、実行した場合、脅した側が不利になることが多いものでした。

「約束」は、「脅し」と違い、相手が行動した後に行動することが求められるものです。相手の行動によって自分が取る行動は変わりますが、どのように変わるかは、脅しと同じように事前に相手に示す必要があります。

約束されたほうは、その約束が守られるのか、破られるのかを見極めて行動することになります。

「約束」の実行にはコストがかかる

相手がこちらの約束を信じて行動すると、その約束を履行するためのコストがかかります。次の事例からそれを確かめてみましょう。

事例13-1 ニンジン嫌いの子どもへの約束

親はニンジンが嫌いな子どもに何とかニンジンを食べさせようとしているが、なかなか食べない。そこで、「もしニンジンを毎日1か月間食べ続けることができたら、ご褒美としてゲームソフトを買ってやろう」と約束した。

❖親と子どもの利得を見る

子どもがその約束を信じて、ニンジンを毎日1か月間食べ続けたとしたら、親は約束を守ってゲームソフトを買い与えなければなりません。

相手のプレイヤーが、こちらの希望どおりの行動を取った場合、その約束を履行するにはコストがかかることがわかります。

親は子どもへの愛情があるので、子どもは親が約束を守るだろうと、その信ぴょう性を強く信じて行動するでしょう。

親と子どもの利得評価をゲームの木に表わすと、次ページの図表13－1のようになります。

❖コストがかかるため親の利得は小さい

子どもがニンジンを食べ続けたときの親の手番の選択を見ると、「ゲームソフトを買う」ほうが「買わない」ほうより利得が小さいことがわかります。これは、ゲームソフトを買うにはコストがかかるからです。では、この約束は守られないでしょうか。

親と子どもの間には強い信頼関係があり、親は子どもとの約束を守ろうという意思があります。そのため、子どもがニンジンを食べた場合の親の手番では、「ゲームソフトを買わない」という枝は剪定されると考えられます。

すなわち、子どもがニンジンを1か月間食べ続けると、親の手番には、「ゲームソフトを買う」という枝しかなく、親は約束を守ります。

子どもがニンジンを食べなかった場合、親は、「ゲームソフトを買わない」という枝を選ぶでしょう。子どもは、ニンジンを食べ続けたときと、食べなかったときの自分の利得を比較して、ニンジンを1か月間食べ続けることになります。

13-1　ニンジン嫌いの子どものゲームの木

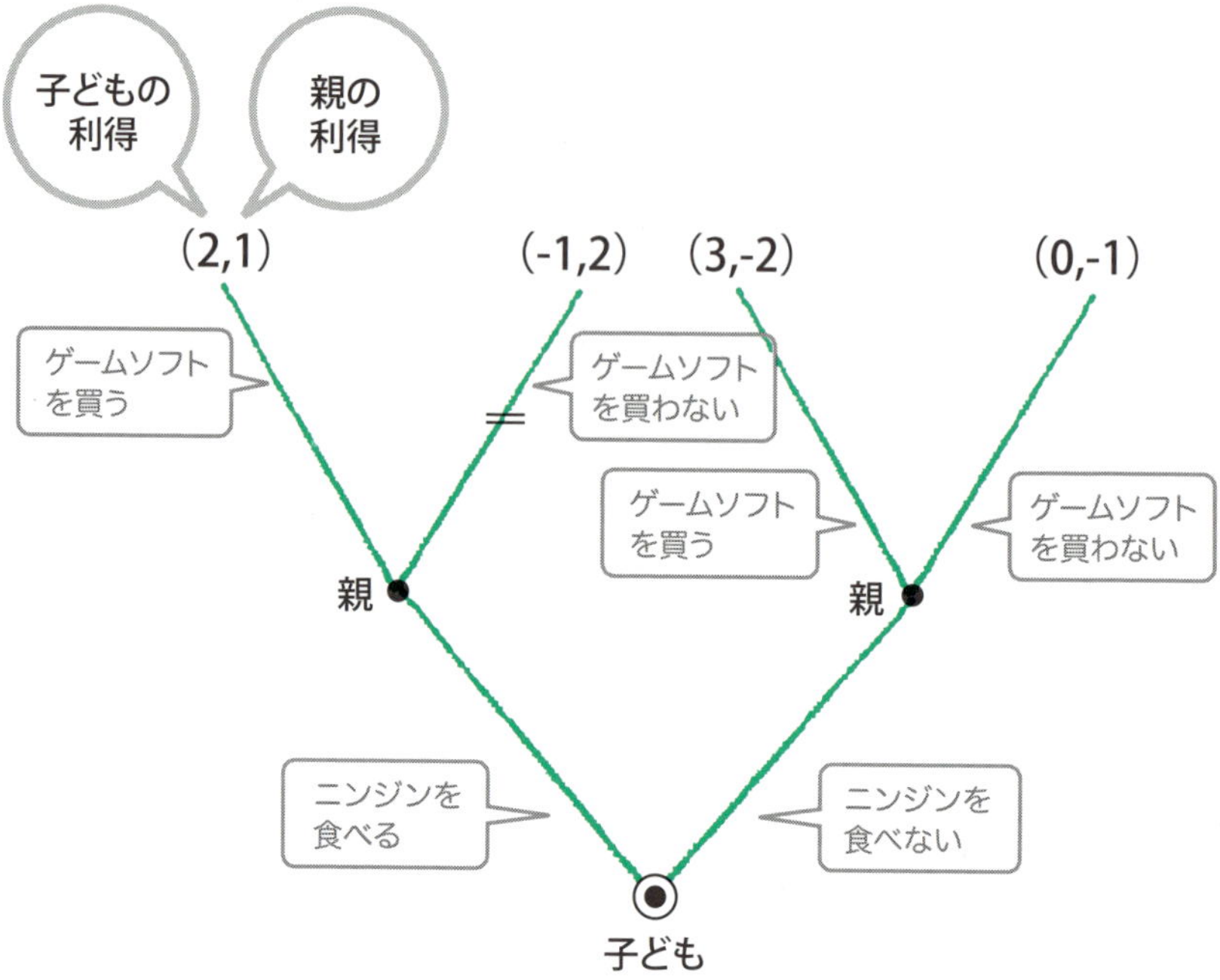

子どもの利得
親の利得
(2,1)
(-1,2)
(3,-2)
(0,-1)
ゲームソフトを買う
ゲームソフトを買わない
ゲームソフトを買う
ゲームソフトを買わない
親
親
ニンジンを食べる
ニンジンを食べない
子ども

「ゲームソフトを買う」という戦略は親にとって利得の小さいものですが、子どもに愛情を持つ親は、「ゲームソフトを買わない」という技を剪定しているので選択の余地がありません

13－2 約束を守らせるためにはどうしたらよいか？

約束を破ればコストはかからない

約束という戦略的操作を用いる場合、約束を実行するには、コストがかかることを見ました。すなわち、約束した側がコストを負担することを嫌がって、約束を破ることも考えられます。このような懸念がある場合、どのように対応すればよいでしょうか。次の事例をもとに考えてみましょう。

事例13-2 共同開発

新薬をつくるためには莫大な費用がかかる。そこで、製薬会社のA社とB社は、提携して開発に乗り出すことにした。

A社がB社の研究員を受け入れて、A社の研究室で開発を行ない、成功した場合には両社でその特許権を分有すると約束したが、この約束は守られるだろうか。

「約束」を見極める視点

新薬の開発に成功したとき、A社はその成果を独り占めにするために、B社との特許権を分有する約束を破るという強いインセンティブが生じることになります。

この事例において、利得には相対的な数値を割り当て、利得の意味よりは、それを使った議論の筋道に注意してください。

❖両社の利得をゲームの木に描いてみる

新薬の開発が成功したときに、A社はいち早くその技術を押さえ、自社の寄与による開発成功を強く主張することになるでしょう。開発成功による利得は3と見込めるとすると、A社が独り占めにより得られる利得は3です。

もし、特許権分有の約束が守られない場合であっても、共同開発に取り組んでいたB社は新薬開発のノウハウを得ることができます。そこで、B社の利得を1とします。

A社が約束どおり特許権を分有したときは、両社の利得それぞれを2とします。共同開発しなければ、両社とも利得は0です（図表13―2）。

❖B社の取るべき戦略は？

バックワード・インダクションで、A社の意思決定を考えてみると、A社は「特許を独り占め」の行動を取ります。すなわち、A社はB社と交わした約束を守りません。

そのときのB社の利得は1ですが、もしB社が共同開発に乗り出さなければ、利得は0です。したがって、B社としてはA社が約束を守ってくれなくても、共同開発したほうが利得が大きいので、共同開発に合意することになります。

コストを見極めることで約束が履行されるか判断する

その約束が果たされるかどうかは、約束をしたほうにどれくらいのコストがかかるかを見極めることで判断することができます。次の事例から確認してみましょう。

13-2 共同開発におけるゲームの木

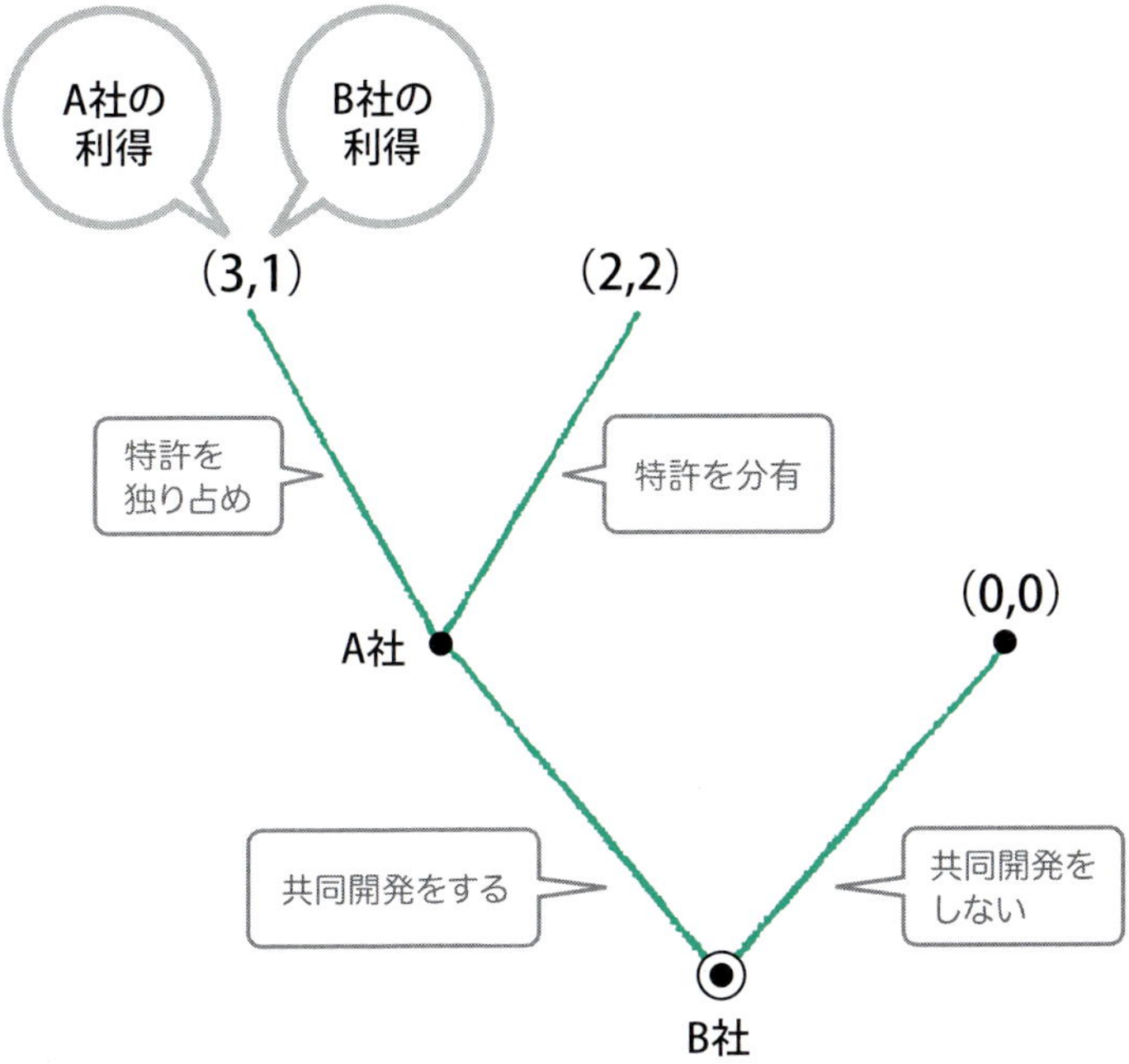
A社の
利得
B社の
利得
(3,1)
(2,2)
特許を
独り占め
特許を分有
(0,0)
A社
共同開発をする
共同開発を
しない
B社

A社が「特許を独り占め」した場合でも、B社は新薬開発のノウハウを得られるので、その利得は「共同開発をしない」より高いことがポイントです

事例13-3 合併後の人事

X社は同業で規模の小さいY社に合併を持ち掛けた。一緒になると業界1位の規模になり、現在よりも有利な事業展開を望めるというのが勧誘理由だ。

X社は新会社の社長をY社から出してもよいと約束したが、Y社はこの約束を信じられるか。

約束履行のコストがポイント

現在の力関係はX社のほうに分があります。合併したときに社長をY社から出して、Y社有利の資源配分が行なわれる可能性があることをX社が黙っているでしょうか。X社は、新社長をX社から出さないというコストを払って、約束を履行するでしょうか。

ポイントは、約束のコストが高ければ、約束は履行されないということです。

Y社はどのような判断を下すべきか?

X社は自社から社長を出せば、合併の効果をより享受できるので、そのときの利得を3、Y社は逆に不利になるのでマイナス1とします。Y社から社長が出れば、X社の利得は1、Y社の利得は2です。

合併しない場合、X社とY社は元のままで、利得の増減はないとして0となります（図表13ー3）。

このゲームの木にバックワード・インダクションを使ってみると、X社は合併したときには約束を反故にして、X社から新社長を出すことがわかります。

そのときのY社の利得はマイナス1です。合併しない場合のY社の利得は0ですから、Y社は約束に期待せず、合併しないほうがよいのです。

約束を履行させるには?

Y社がX社に約束を履行させたいのであれば、「契約書」などにY社から社長を出すことを明記し、罰則もあらかじめ取り決めておく必要があります。

その契約に罰則まで明記していなかったため、約束を破られるといったこともあるでしょう。

13-3　合併後の人事におけるゲームの木

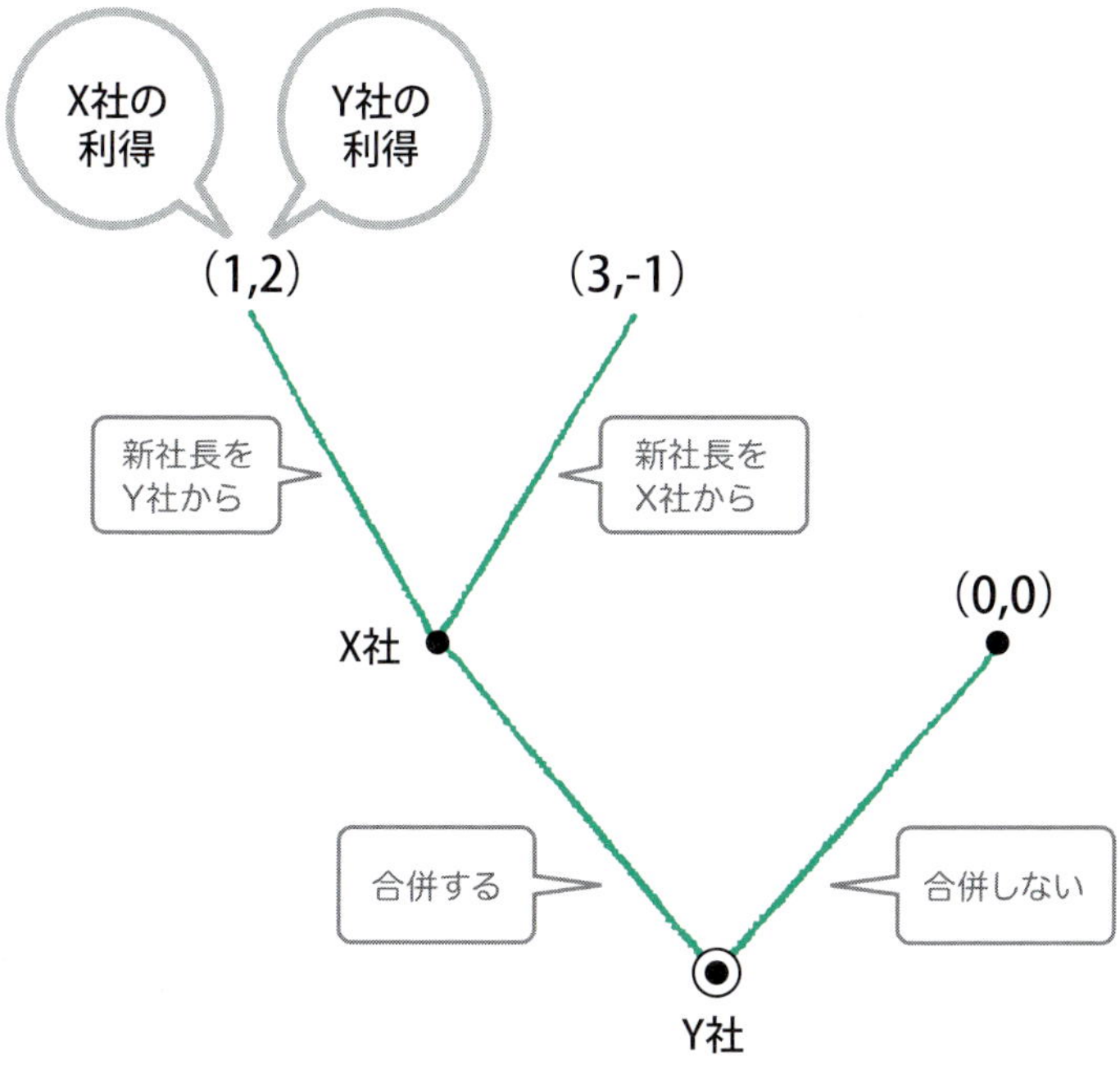
X社の
利得
Y社の
利得
(1,2)
(3,-1)
新社長を
Y社から
新社長を
X社から
X社
(0,0)
合併する
合併しない
Y社

Y社はX社と合併する場合、Y社から新社長を出せないと、その利得がマイナスになってしまいます

Part 14

戦略的操作の信ぴょう性を検証する

14－1 信ぴょう性を判断する上で大切なことは？

Part 11から13で見てきたように、戦略的操作である脅し、コミットメント、約束は、信ぴょう性がなくてはその効力を発揮しません。どうすればこれらの戦略的操作に信ぴょう性を持たせ、相手が信じてくれるかということを考えます。

脅しの事例から信ぴょう性の有無を考える

相手の「脅し」に信ぴょう性があるかどうかを、次の2つの事例から考えてみます。

事例14-1 価格戦略の脅し

A社とB社が同じ製品の販売競争をしている。A社は革新的な生産体制をつくり上げることに成功したため、値下げを計画している。その情報を察知したB社が、「もしA社が値下げをするのであれば、対抗してわが社も大幅値下げを行なう」と宣言した。

もし、B社が言うとおり「大幅値下げ」を行なうと、A社が整備する生産体制の刷新効果が相殺されてしまう。かえって値下げをしないほうがよいのではないかという意見も出てきた。B社の言葉に信ぴょう性はあるだろうか。

事例14-2 貿易交渉に見る脅し

J国とA国の間には貿易摩擦が起こっている。J国が小型自動車を大量にA国に対して輸出しているため、A国の自動車産業が不振に陥っているのだ。

このためA国は、J国に対して、輸出を自主規制しないと関税を上げると通告。

J国は輸出を抑えたほうがよいだろうか。A国の関税を上げるという言葉に信ぴょう性はあるのだろうか。

この2つの事例を検討する前に、「脅し」の特徴を検討してみましょう。

「脅し」の特徴とは?

相手の脅しが本当の「脅し」かそれとも「空脅し」かを見極めることができれば、あなたは適切に対処できるでしょう。

脅しとコスト

まず、なぜ相手が脅しをかけなくてはならないのかを考えてみます。脅しをかけてくるという裏には、脅しどおりにしないと、かけた側が不都合だからという理由が容易に想像できます。

なぜ不都合かと言えば、脅しに従わないからといって、脅したとおりの行動を脅した側が取ると、脅した側の利得が下がってしまうからに他なりません。

脅しが利かなかった場合、脅したとおりの行動を取ろうとすると、脅した側にコストがかかります。つまり、脅した側は、本心では言ったとおりに実行したくないのです。

相手が実行できない脅しであれば、それは「空脅し」になります。信ぴょう性のない脅しなので、恐れるに足りません。

脅す側は、その脅しに信ぴょう性があることを示さなければなりません。

脅しでなく警告だったら要注意

脅しを見極める上で、気をつけなければならないことは、「脅し」と「警告」とを区別する必要があることです。

「警告」も「脅し」と同様に、「……するな。もし……したら、こちらは……するぞ」という文章で表わされます。つまり、構造的には脅しと同じです。

たとえば、刑法の条文などは、たいていこのような形式の文章です。「盗みをするな。もしすれば、○か月の懲役に処する」などと表現されています。

あるいは、工事現場などに「危険につき立ち入り禁止」という看板が立っていることがあります。これは、「この地に立ち入るな。もし立ち入れば、身に危害が及ぶぞ」と同じことです。

また、家賃滞納者に対して「滞納を続ければ、告訴するぞ」というのも警告です。

警告に従わなければ、警告者は、あらかじめ示していた行動反応を規則に従って事を運ぼうとするだけです。相手の行動によって、自分の行動を戦略的に変えることが目的ではありません。警告を「空脅し」と見誤らないように注意してください。

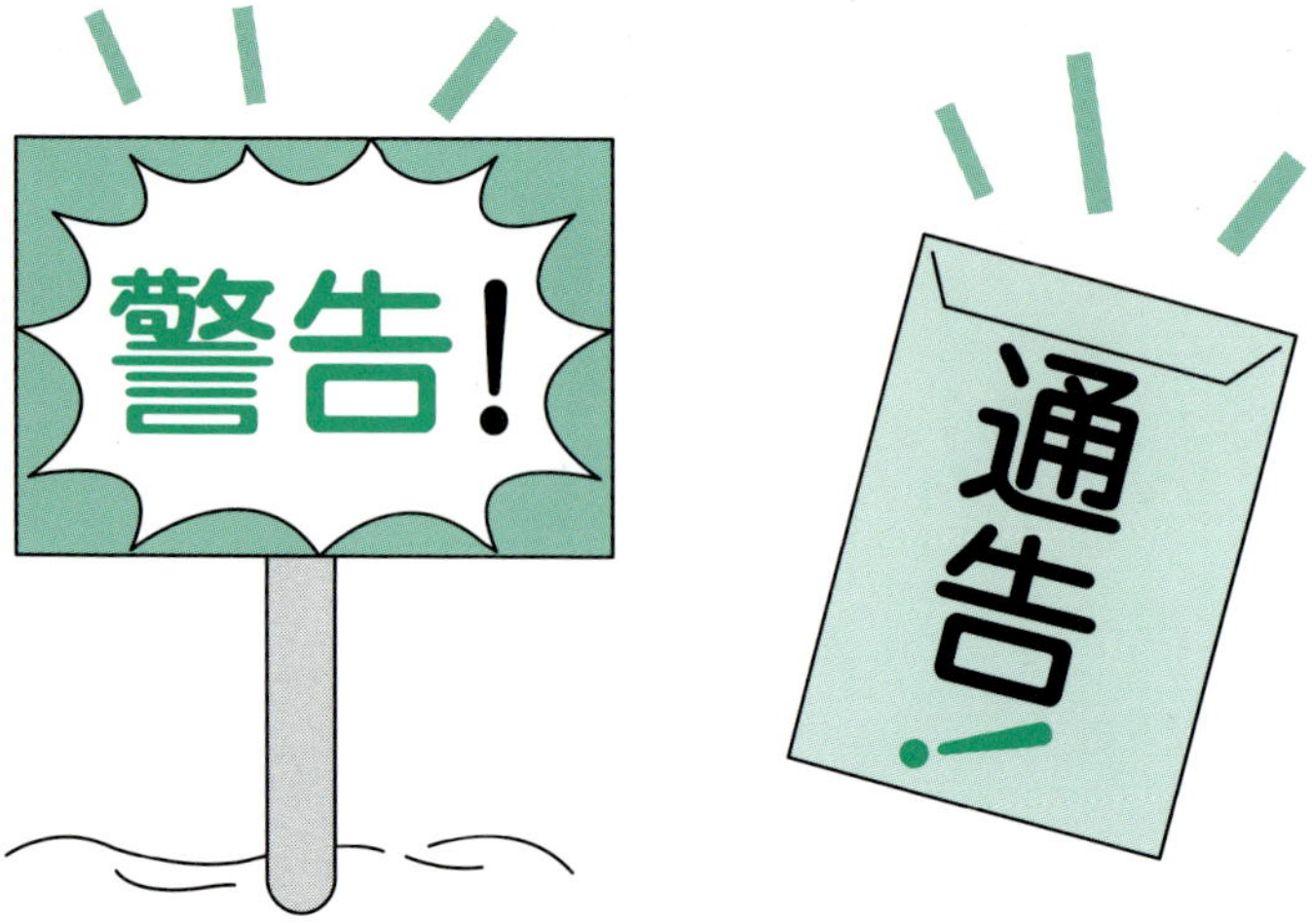

14－2 戦略的操作に信ぴょう性を持たせ効果的に使うには？

戦略的操作に信ぴょう性を与える方法

戦略的操作を用いたとしても、相手に信じてもらえなければ意味がありません。戦略的操作の信ぴょう性を高めるためには、補助的な行動が必要となります。

脅しであれば、脅す側が脅しを実行するだろう、と相手を納得させる性格や、行動パターンを持っていることを信じさせる必要があります。補助的な行動とは、どのようなものかを見てみます。

信ぴょう性を持たせるための補助的行動

戦略的操作に信ぴょう性を持たせるには、次の2つの条件が必要です。

①観察できるものであること
②取り消しできないものであること

①観察できるものであること

何をしたかが相手にわからなければ、やってもやらなくとも同じです。つまり、こちらの行動を相手に認識してもらわなければなりません。そのためには、観察可能でなければならないのです。

たとえば、秘密会議において、コストがかかったとしても、相手が脅しを聞かないときは、脅したとおりのことを実行しようと決議したとします。しかし、その脅しの内容が相手に伝わらなければ、脅しの効果はありません。

相手に知らせる方法としては、「新聞社にリークする」「口の軽そうな人間に『誰にもしゃべるな』と言って漏らす」など、古くからいろいろなことが行なわれてきました。

②取り消しできないものであること

戦略的操作に信ぴょう性を持たせるためには、取り消しできないことを示すのも重要です。

相手が脅しに従わなければ、告げた行動を取らざるを得ないことになります。相手は従わないと損だと悟るでしょう。

「コミットメント」であれば、相手ははじめに予定していた行動を変えないと不利になることを悟ります。

「約束」であれば、取り消しできない行動をしてしまったので、その約束は履行されるだろうとして相手も行動せざるを得なくなります。後で撤回できる約束に信ぴょう性はありません。

「評判」で信ぴょう性を増す

プレイヤーが、「脅し」を必ず実行する性格と行動パターンを持っていると相手に信じ込ませられれば、脅しは効力を発揮します。

たとえば、そのプレイヤーの行動パターンに対する**評判**をつくることが有効です。

ある男が、自分の気に入らないことがあればすぐに暴力を振るう男だという評判を持っていれば、その男が「……しなければ、暴力を振るうぞ」と言うと、脅しとして有効になるでしょう。

会社の社長が、「首にするぞ」と言うのを従業員は「空脅し」とは思わないでしょう。これは、会社での「地位」と「役割」が、その言動の信ぴょう性を裏打ちしているからです。

14-1　信ぴょう性を持たせる手段

事実を示す	新聞など
	統計資料を参照させる
	学問的に確立していることを示す
裁量の余地がないことを示す	専門機関や専門家などの第三者に判断や行使をゆだねる
	法律や規定に従う
	サイコロなどを振って偶然性にまかす
情報操作	わざと情報をリークして権威ある機関（新聞など）から発表させる
	態度でこちらの本気度を示す
評判をつくる	行動パターンから本気だと納得させる

信ぴょう性を持たせる具体的な手段をまとめると、図表14―1のようになります。

2つの事例を検討してみる

信ぴょう性についての一般論を見た後で、先述の事例の信ぴょう性を検討してみます。

事例14―1の信ぴょう性

B社の評判を検討します。いままで言ったとおりのことを実行してきたのか、それともただの牽制なのか。B社が言ったことを実行するという裏付けを取れないか、調査する必要があります。

そのために、A社は値下げ撤回の意思が当面ないことを新聞記者や雑誌記者にリークして、B社の反応を探るのも手でしょう。

事例14―2の信ぴょう性

A国の関税が法律に則ったものかどうかをまず検討します。法律に規定がなければ、条件もなしに関税を

14-2 「事例14-2　貿易交渉に見る脅し」の検討

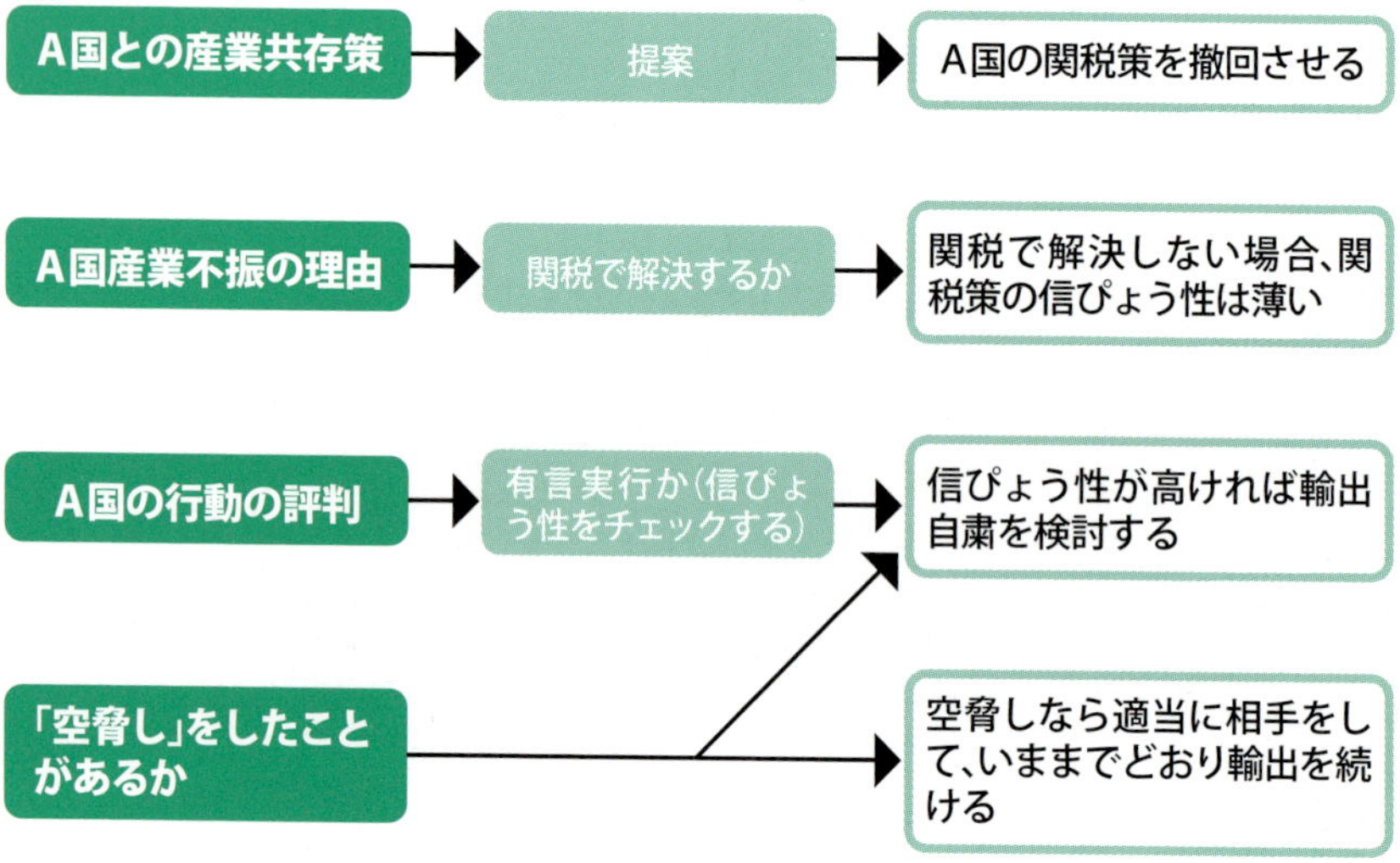
A国との産業共存策
提案
A国の関税策を撤回させる
A国産業不振の理由
関税で解決するか
関税で解決しない場合、関税策の信ぴょう性は薄い
A国の行動の評判
有言実行か（信ぴょう性をチェックする）
信ぴょう性が高ければ輸出自粛を検討する
「空脅し」をしたことがあるか
空脅しなら適当に相手をして、いままでどおり輸出を続ける

上げ下げできないはずです。法律が整備されていれば、高い関税を課される可能性があることになります。

次に、A国の自動車産業の不振の理由が何かを探らなければなりません。そして、なぜA国はJ国と競争できないのかを調べる必要があります。

それは関税による価格の上乗せで改善するものでしょうか。A国のいままでの貿易摩擦での行動パターン（評判）はどうなのかも調べる必要があります。A国はJ国との交渉を優位に展開するために、する気のない方策を掲げることがあったでしょうか。また、A国には、関税を上げる以外に方策があるかもしれません。

もしその方策があれば、関税を上げると言っておいて、別の方策を挙げてくるのか、J国の提案に乗って、関税を上げる方策を撤回してくる可能性もあります（図表14―2）。

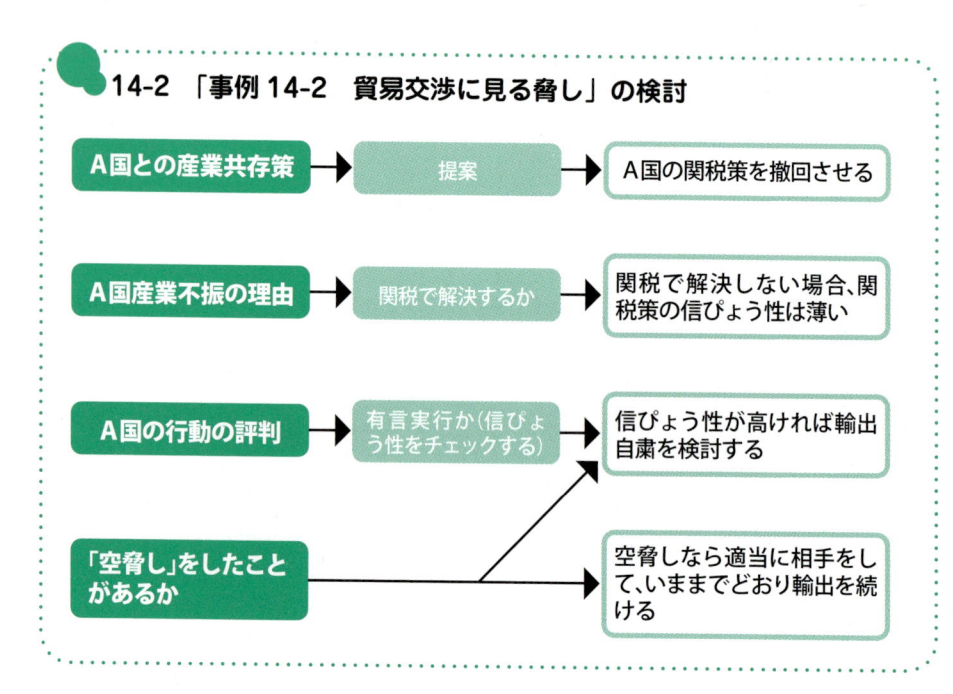

Part 15

すべての余剰を取れる「最後通牒」

15-1 人々の交渉は「余剰」の
大きさを軸に展開される

15-2 交渉の基本形から有利な立場に
立つための方策を探ろう

15－1

人々の交渉は「余剰」の大きさを軸に展開される

なぜ交渉するのか？

交渉により取引が成立すれば、そこに価値が生まれ、経済学で言う「余剰」が発生します。交渉とは、その余剰をどのように分配するかを決めることです。

交渉の基本は「最後通牒」にあります。最後通牒の特徴を見ることで、交渉原理を考えてみます。

もし、交渉が不成立となれば、取引も成り立たないので、余剰は発生せず、双方とも余剰は０となってしまいます。

交渉参加者は、不成立で余剰の取り分が０でもかまわないとするか、多少でも取り分のあるほうがよいかの判断を行ないながら交渉にあたります。

事例15-1 売買による余剰の分配

Ａは不要となった服をフリーマーケットに出し、６００円以上で売りたいと考えていた。もし６００円の値が付かないときは持って帰ることにしていた。

一方、何か気に入った服はないかとフリーマーケットに顔を出したＢが、Ａの服を見つけた。Ｂとしては１０００円までならその服に金を出してもよいと考えた。

15-1　余剰の算出方法

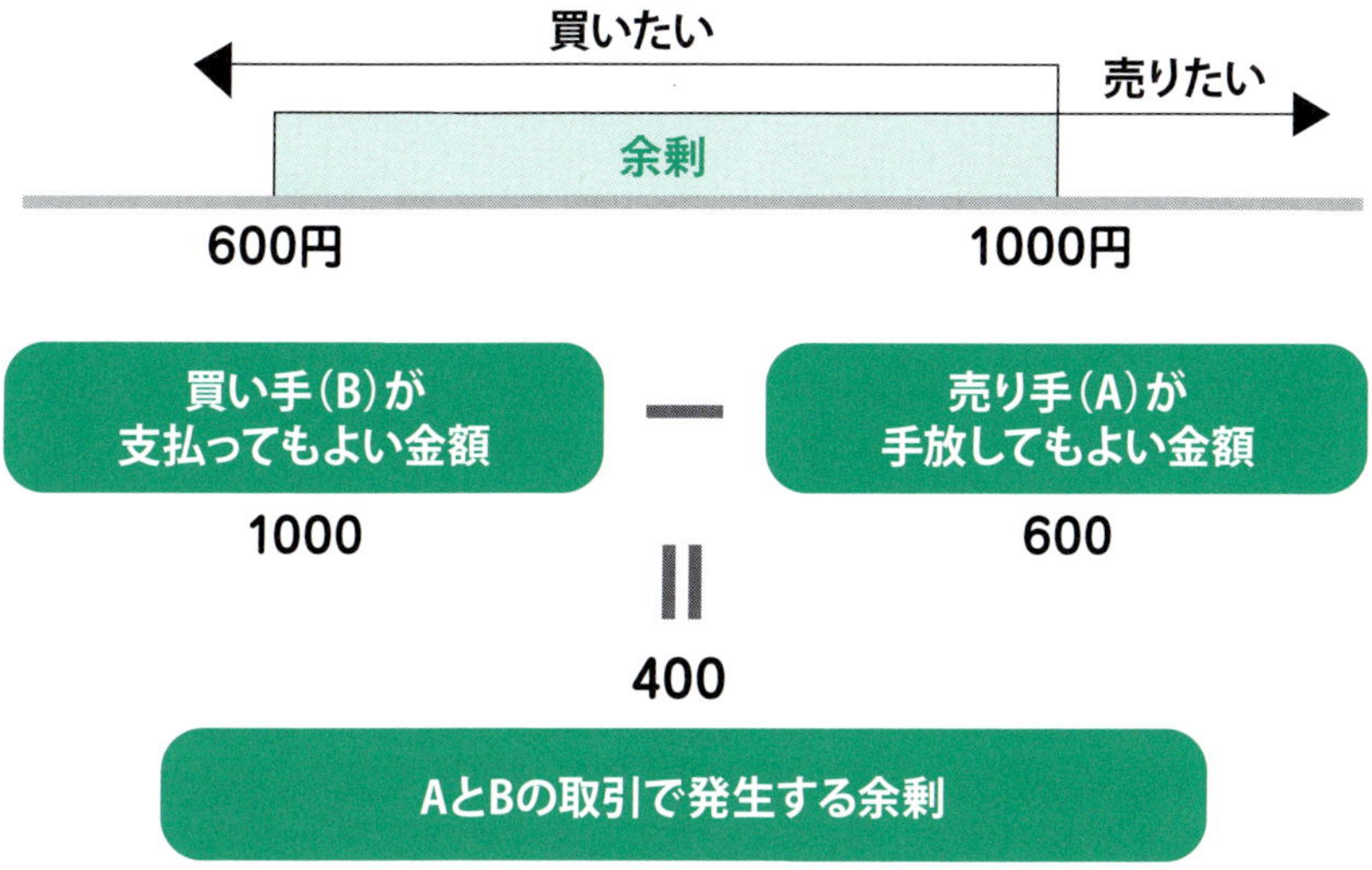
買いたい
売りたい
余剰
600円
1000円
買い手(B)が
支払ってもよい金額
－
売り手(A)が
手放してもよい金額
1000
600
＝
400
AとBの取引で発生する余剰

余剰はいくらになる？

この事例における余剰はいくらになるでしょうか。

余剰は、交渉が成立すると発生します。そのときの余剰の価値は、買い手であるBが支払ってもよいと考えている最高額と、売り手であるAが手放してもよいと考えている最低額との差です。

すなわち、

１０００－６００＝４００（円）

が余剰となります（図表15－1）。

余剰の配分はどれくらい？

余剰は４００円であることがわかりました。それでは、その分配はどうなるのでしょうか。

AとBは交渉の末、合意に至り服の値段を決めました。

AはBに、９００円でその服を売ったとします。

すると、Aの余剰は

９００－６００＝３００（円）

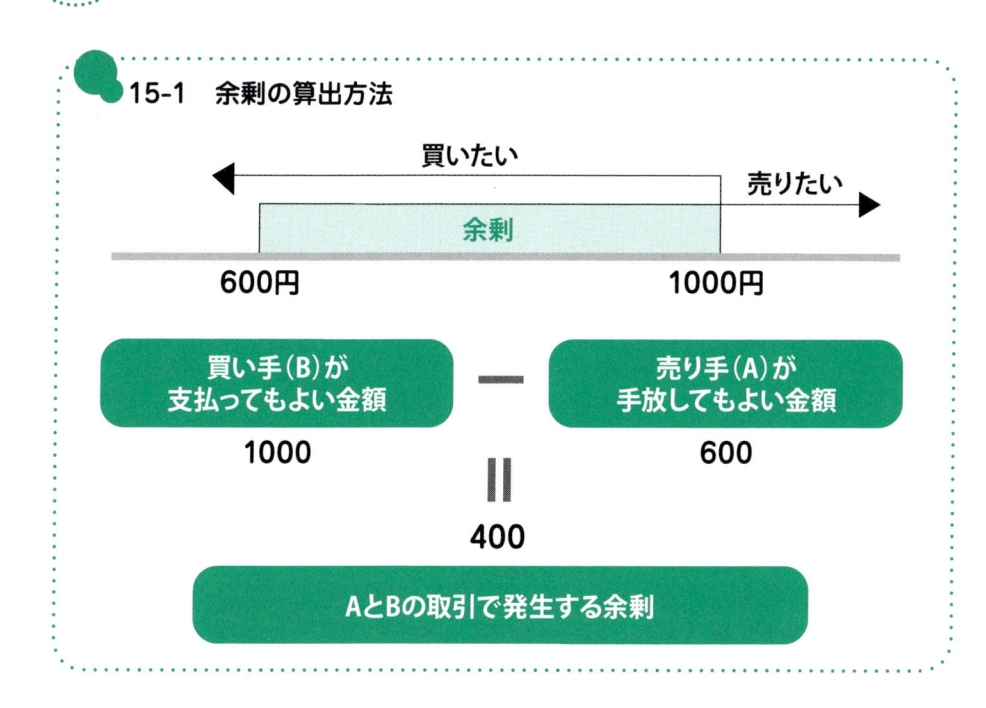

となります。
一方、Bの余剰は
1000−900＝100（円）
となります（図表15−2）。

交渉を行なう際のポイント

ここまで見てきたことから、次のことがわかります。人はより多くの余剰を得るために交渉します。そして、その交渉とは、余剰の取り合い（分配をめぐる争い）です。

ただし、交渉を行なう際には、不成立のときは余剰が発生せず何も得られない（利得は0）、ということを意識しておかなければなりません。

教訓

交渉が不成立となり、余剰が0となってしまうと、それまでの努力が水の泡だ。いかにうまく話をまとめて余剰を多く取るかが交渉の勘所

15-2　AとBの余剰

◉交渉の末、AとBはその服の代金を900円に決めました。

Aの余剰

売り値 900 − Aの希望額 600 ＝ Aの余剰 300

Bの余剰

Bの限度額 1000 − 買い値 900 ＝ Bの余剰 100

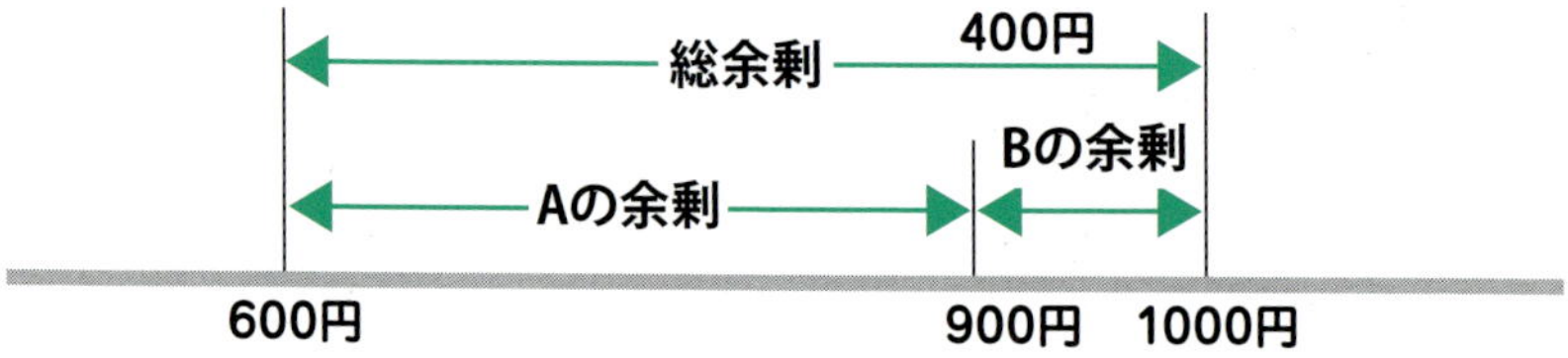

総余剰
400円
Bの余剰
Aの余剰
600円
900円
1000円

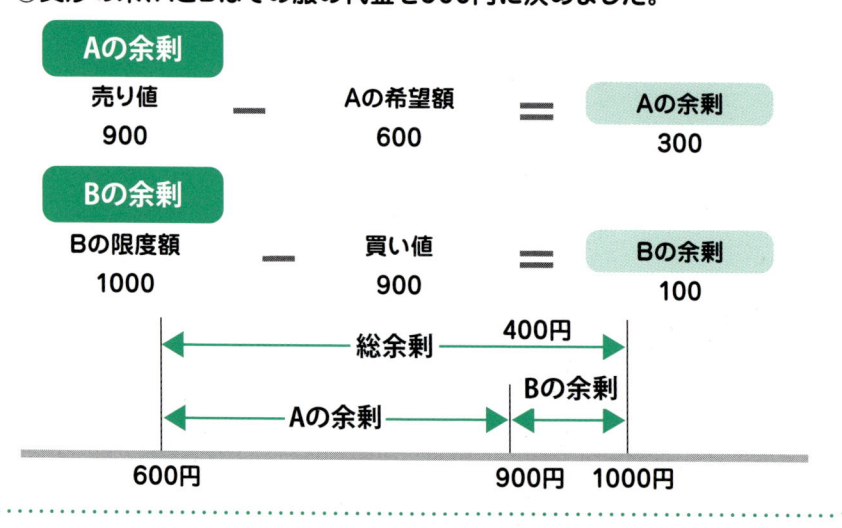

15－2 交渉の基本形から有利な立場に立つための方策を探ろう

交渉の基本形をしっかりと覚えよう

交渉の基本形は、一方が提案し、他方がそれを受諾するか拒否するかを決めるという流れになります（次ページ図表15―3）。

交渉をゲームの木で表わすと、次ページの図表15―4のようになります。節から枝が何本も出ていますが、これは提案側の取り分の条件を表わします。つまり、提案側には、0％から100％までの間で、無数の選択肢が考えられるのです。

無数の選択肢から、実際に提案した条件を示したのが次ページの図表15―5です。当然、1本の「枝」で表わされることになります。

交渉は、「提案」↓「受諾か拒否」という基本形を1回から多数回、交渉参加者が合意するまで続けていきます。もちろん、交渉が決裂し、取引が不成立となってしまう場合もあり得ます。

教訓

交渉の基本形は、提案する⇩受諾するか拒否する

15-3　交渉の基本形

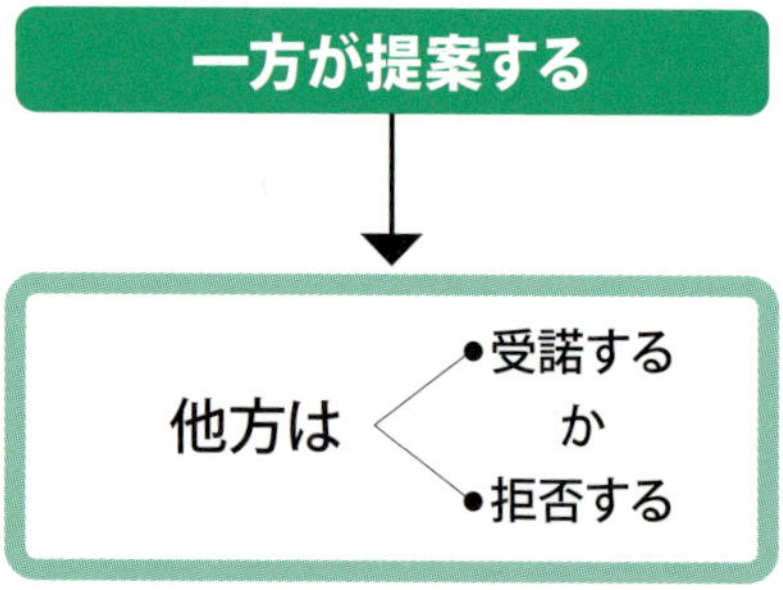

交渉の基本形をしっかりと
覚えておきましょう

15-4　交渉における「ゲームの木」の表わし方

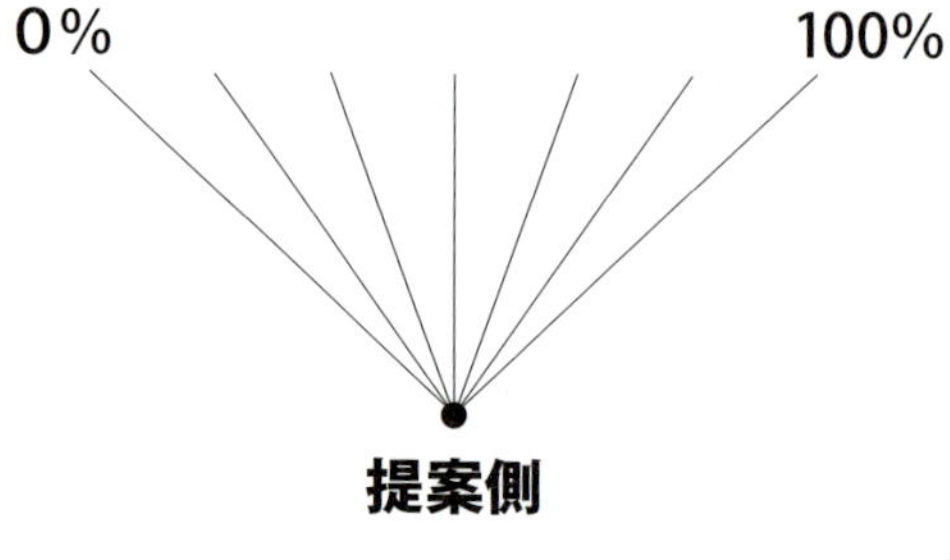

提案側の選択肢を「節」から出る「枝」で表わします。取り分の条件を示すことにすると、1本の「枝」は0％～100％のどれかを表わすことになります

15-5 実際の提案をゲームの木に表わすと…

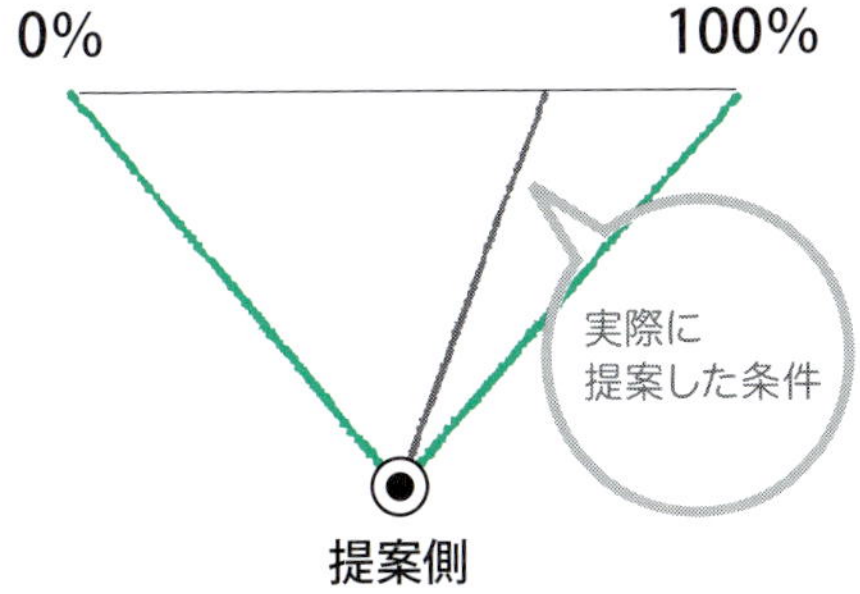

提案側の条件の「枝」は数学的には無数となるので、無数の線で構成された三角形という形で表わし、実際にそのうちの1つが提示されるので、1本の「枝」で示します

交渉の基本「最後通牒」

交渉回数が1回だけの交渉を、特に**最後通牒**と言います。最後通牒を「ゲームの木」で表わしたものが、次ページの図表15－6です。

その交渉が最後通牒の場合、条件を提示された側は、相手の条件を受け入れるか、拒否するかの選択肢しかありません。提示された条件を拒否すれば、交渉は決裂してしまうので、双方の余剰は発生せず、0になります。

提示された側が少しでも余剰を得たいと考えるのであれば、提案された条件である最後通牒を呑むしかありません。

つまり、**最後通牒では、提案側は相手の取り分として最小限の余剰を相手に提示すればよい**ことになります。したがって、最後通牒者となって条件を提案する側が、余剰のほとんどを手中にできることになります。交渉を行なうにあたっては、最後通牒をする側に回ることがポイントなのです。

15-6 最後通牒のゲームの木

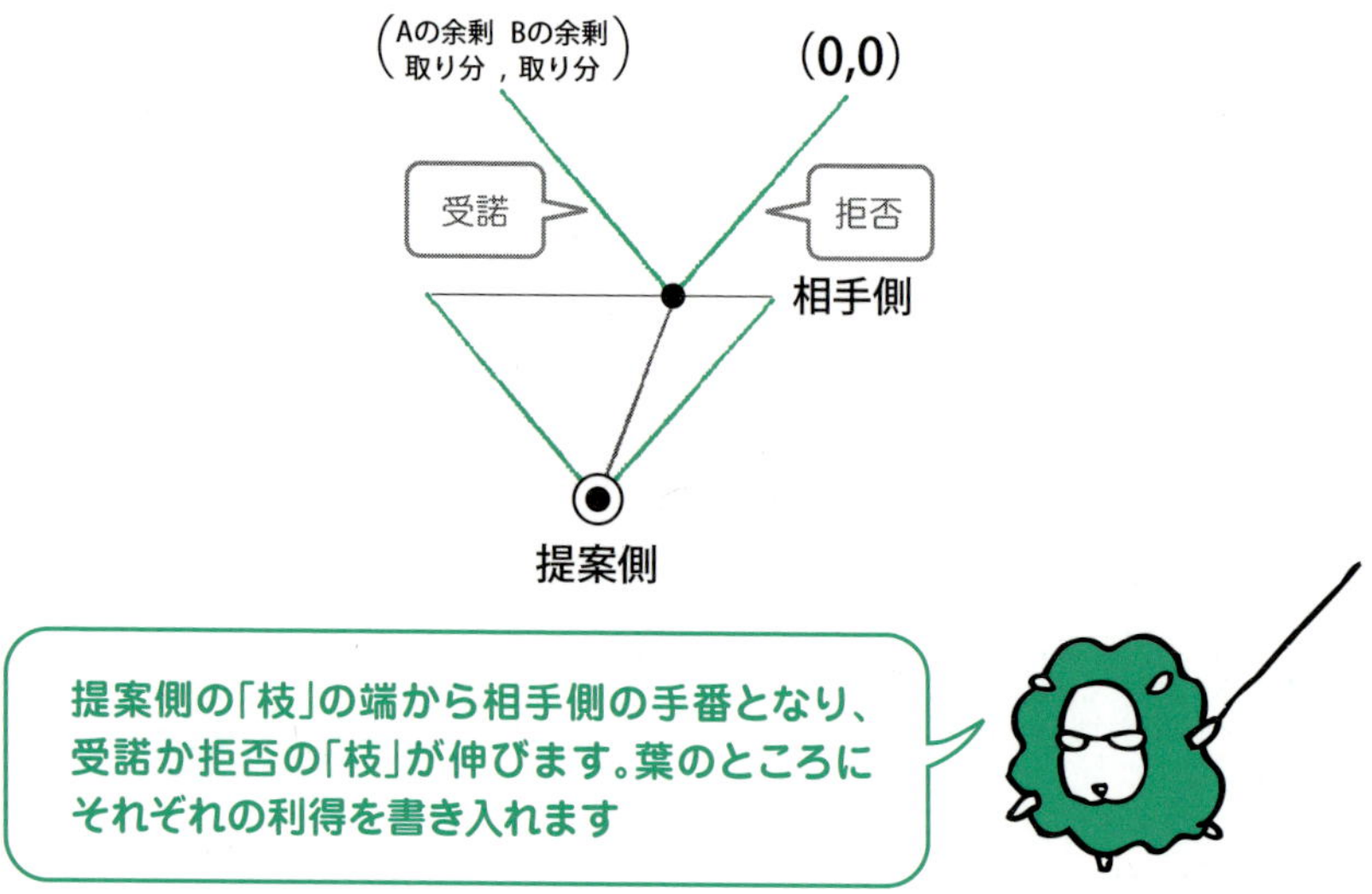

（Aの余剰 Bの余剰
取り分 , 取り分）
(0,0)
受諾
拒否
相手側
提案側
提案側の「枝」の端から相手側の手番となり、
受諾か拒否の「枝」が伸びます。葉のところに
それぞれの利得を書き入れます

❖最後通牒モデル（提案側が余剰の全部を取る）

条件を提案する側が、自分の取り分を限りなく100%に近い提示をした場合であっても、相手はそれを受諾せざるを得ないというのが最後通牒モデルの大きな特徴です。

最後通牒モデルは、提案側が余剰の全部を取り、相手には0を提示しても、相手にその提案を呑ませることが可能だということを示しています。

教訓

- 最後通牒されたら、受諾しかない
- 最後通牒する側が、余剰のほとんどを取れる
- 交渉にあたるときは、最後通牒をする側に回る

Part 16

余剰が減るスピードが決め手となる多段階交渉

16－1

2段階交渉で多段階交渉の基本形を知ろう

ゲーム理論の交渉モデルにおいて、提案する側は、余剰のなかで自分の取り分の比率を相手側に提示することになります。提案内容は0％から100％までの比率のいずれかになります。

つまり、提示内容の比率をxとすれば、xは0以上1以下となります。余剰の全部を提示するのであれば、x＝1（100％）です。

提示内容の比率を考慮に入れ、交渉の基本形を繰り返す「当方提案」→「相手側拒否」→「相手側提案」→「当方拒否」→「当方提案」、あるいは相手側が先に提案する「多段階交渉」を考えます。

2段階交渉とは？

「当方提案」→「相手側拒否」→「相手側提案」を繰り返して行なう「多段階交渉」を考えるために、そのなかで1番簡単な形である「2段階交渉」から見ていくことにしましょう。

2段階交渉をどう考えていくか？

2段階交渉を分析する場合、最後通牒で検討した考えを適用することができます。

交渉回数は2回ですが、もし1段階目の提案で相手が受諾すれば、交渉成立でゲームは終わります。

しかし、相手が1段階目の提案を拒否すれば、交渉は2段階目に移り、1段階目に提案した側が提案される側に回ることになります。つまり、最後通牒をされる側に回るのです。

❖交渉が長引けば余剰が減るとすると……

現実の交渉では、交渉に時間を費やしていると肝心の余剰がどんどん減ってしまうことがあります。

たとえば、企業買収や合併事業で、条件が折り合わず交渉が長期化してしまうと、調達した資金のコストがかさんだり、合併後の事業計画の時期を逸して、その効果を上げることができず、当初見込んでいた余剰が消えてしまえば、交渉の意味がなくなってしまいます。

このような事情をモデルに組み込み、時間が経つと（交渉回数ごとに）、余剰が減るという条件を加えてみます。次の事例をもとに2段階交渉のモデルを考えましょう。

アイスクリームの分配

時間が経つと余剰が減る、というイメージがよくわかる「アイスクリームを分配する交渉ゲーム」を例にします。

事例16-1 アイスクリームの分配

元のアイスクリームの量を１００とする。
プレイヤーはＡとＢの２人。
交渉回数は２回までの２段階交渉。
１回の交渉でアイスクリームは30%溶けてしまうという条件がある。
１段階目の提案者はＡ。

このような条件がある交渉で、1段階目に提案する側であるAは、どのような分配率をBに対して提案するのが合理的でしょうか。

Aの先読み

Aは自分が提案したとき、Bがどう考えるかを先読みします。

❖Bは2段階目に残り全部を要求してくるだろう

Aは、自分のアイスクリームの取り分の比率を、0%から100%までのいずれかで提案することができます。

Bは、1段階目にAの提示した内容が気に入らなければ、それを拒否して、2段階目でB自身が提案することが可能です。そのとき、Bは最後通牒をする側と同じ立場になります。つまり、残っているアイスクリームすべてを自分の取り分として提案したとしても、Aは受諾せざるを得ません。

このことから、Aは、2段階目に交渉を進めては損であることがわかります。何とか1段階目でBに提案を受諾させるように、合理的な分配率を提示することを考えなければなりません。

❖2段階目はいくら余剰があるのか

ひとまず、Aが提示した内容はBに拒否され、交渉が2段階目に移ったとします。

1段階目の交渉が不調で終了したとき、アイスクリームは30%溶けてしまいます。つまり、2段階目における残りのアイスクリームの量は、70ということです。

2段階目ではBが提案する側に回るので、最後通牒をすることができます。Bは残り全部のアイスクリームを要求し、Aはそれを受諾するしかありません。そこでゲームは終わります。

❖Aが提案すべきだった配分は？

最終段階までアイスクリームの分配ゲームが進行した場合、Aの手にする余剰は0で、Bは70の量のアイスクリームを余剰として手に入れるという結果になります。

つまり、1段階目の交渉の時点で、アイスクリームの70はBが所有権を持っていたと考えてもおかしくありません。

16-1 アイスクリームの分配のゲームの木

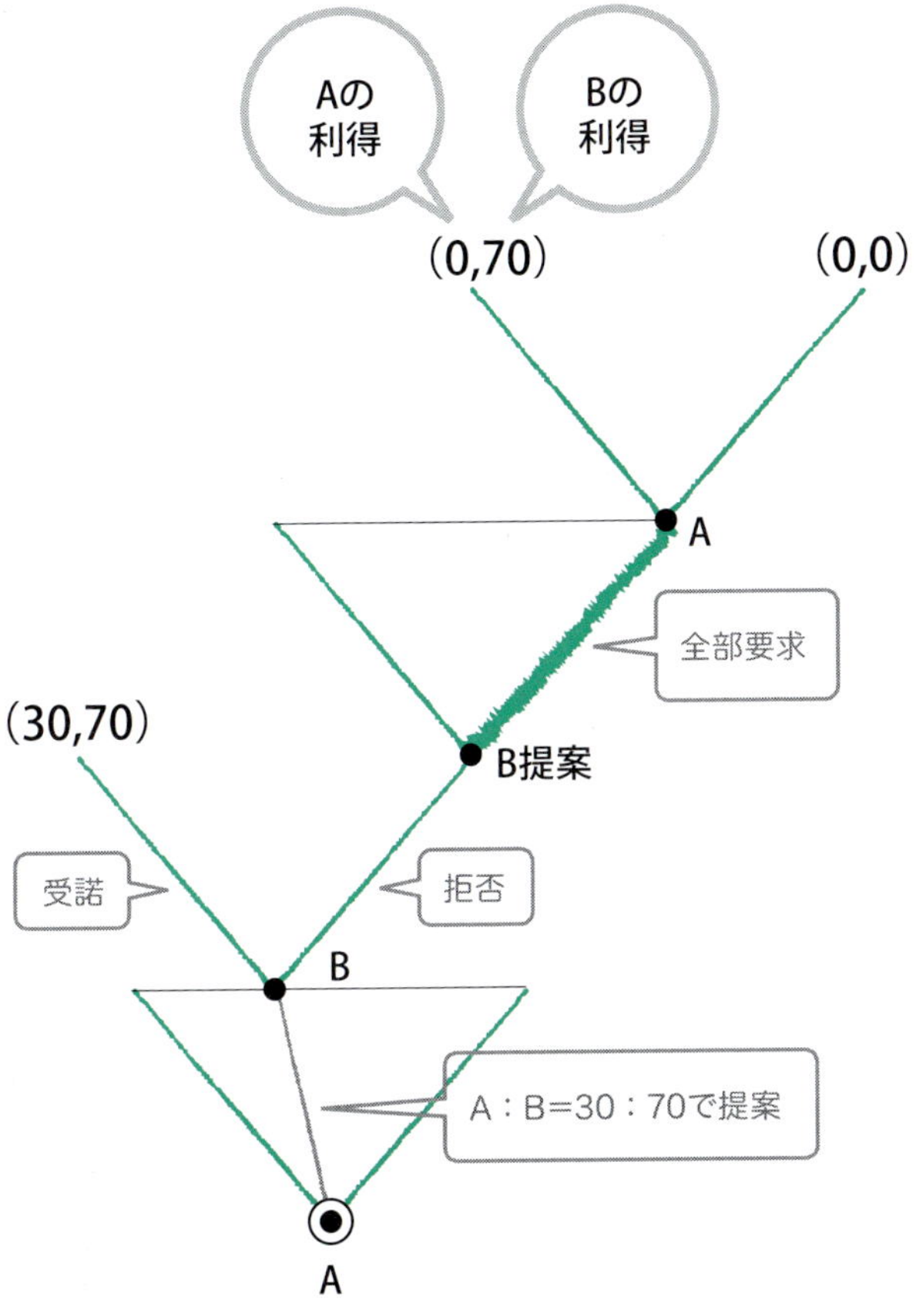
Aの
利得
Bの
利得
(0,70)
(0,0)
A
全部要求
(30,70)
B提案
受諾
拒否
B
A：B=30：70で提案
A

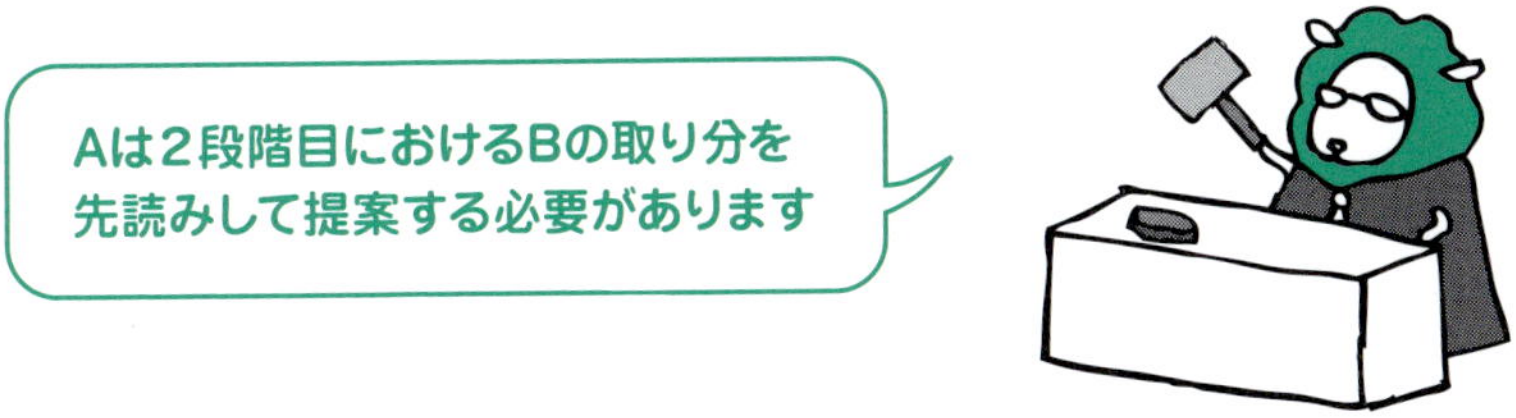
Aは2段階目におけるBの取り分を
先読みして提案する必要があります

もし、1段階目に、溶けてなくなってしまう30のアイスクリームをAが自分の取り分として提案したならば、Bはどう考えるでしょうか。

Aが自分の取り分として提案する30のアイスクリームは、Bが提案するときには、すでにもうなくなってしまっています。Bとしては、70を取るのが1段階目でも2段階目でも、いっこうに差し支えないのではないでしょうか。

この交渉を「ゲームの木」で表わすと、前ページの図表16―1のようになります。

❖AはBの取り分を保証すればよかった

1段階目の交渉において、Aは自分の取り分を30、Bの取り分を70と提案すれば、Bは「受諾する」と考えられます。

ゲーム理論では、最終的にBが同じ取り分を得られるならば、Aに何も取らせないために2段階目に交渉を進める、などの非合理的なことは考えません。同じ取り分が確保されるのであれば、そこでAの読みどおりゲームが終了する、すなわちBは拒否せず、受諾することになるのです。

教訓

- 2段階交渉では、1段階目の交渉で決着がつく分配率を提案する
- 2段階目の交渉者は、すでに1段階目で自分が確保している余剰の取り分を認識する
- 1段階目の交渉者は、2段階目の交渉者の権利以外を自分の取り分として提案する

16－2 多段階交渉には余剰を念頭に置きながらあたろう

多段階交渉のときの対応とは？

アイスクリームの事例で見たように、交渉は2回で決着がつくこともありますが、さらに何回か続く場合もあります。交渉回数がn回となる、「多段階交渉」の場合を考えてみましょう。

何に注目すればよいか？

多段階交渉では、交渉回数が多くなるにしたがって、余剰はさらに減っていきます。次の段階で余剰がどれくらい残っているか、を考えながら交渉にあたっていくことが重要です。

しかし、交渉は無限に続くわけではありません。必ず終わりがあり、最後に提案する側は、やはり最後通牒者となります。ただし、交渉回数が多くなれば余剰も減っていくので、最後に提案する側に回ったからといって、必ずしも有利とは言えません。

❖余剰が減るスピード

交渉回数が多い場合、余剰が減るスピードが遅いときと速いときとでは、最後通牒の意味が大きく変わります。

余剰が減るスピードが遅いときは、交渉を数多く重ねても余剰はそれほど減りません。しかし、余剰が減るスピードが速いときは、余剰はどんどん少なくなってしまうことに注意する必要があります。

多段階交渉を有利に進める戦略

一般的な多段階交渉の解法には、数学的帰納法を用いるので、ここでは証明過程を省略して結論だけを見てみます。

・余剰が減るスピードが速ければ、最初の提案者が有利になります。
・余剰が減るスピードが遅い、あるいは交渉の間隔が短い場合、取り分は1対1に近づき、ほぼ折半することになります。

教訓

・多段階交渉では最後通牒者に回った場合でも、余剰が減ってしまっては意味がない
・余剰が減るスピードが速ければ（ビジネスで言えば、鮮度や季節、流行が絡む取引）、最初に提案するほうが有利
・余剰が減るスピードが遅ければ（流行や鮮度に影響受けることが少ない取引）、折半を要求する
・交渉間隔を短くすれば、余剰が減るスピードが遅い場合と同じく、折半を要求する

Part 17

不確実なら リスクが高い

数学的な期待値で人は行動するか？

不確実性があるゲームにおいては、人はタイプによって行動の選択に影響が出ます。不確実性と人間行動の関連について考えてみます。

サンクトペテルブルクの逆説

人は数学で保証され、理性で納得できれば、そのとおりに行動できるかということを、サンクトペテルブルクに住んでいた数学者ベルヌーイの論文による、**サンクトペテルブルクの逆説**ゲームから考えてみます。

事例17-1 サンクトペテルブルクの逆説ゲーム

あなたは友人に次のようなゲームに誘われた。

あなたが自分でコインを投げ上げ、**表**が出たら友人の勝ち、**裏**が出たらあなたの勝ち。あなたが勝てば100円を友人からもらい、もう1度投げることができる。また裏が出れば、前回あなたがもらった金額の2倍の額をもらえ、さらにもう1度コインを投げることができる。

これを繰り返すというもので、表が出た時点でゲーム終了。あなたはゲームへの参加費として友人に1万円を払わなければならない。

あなたはこのようなゲームに誘われたら参加しますか。もし参加した場合、どれだけの儲けが期待できると思いますか。

ゲームからの儲けの期待値は無限大

データの平均値のことを**期待値**と言います。偶然のデータの平均値は、その事柄の起こる確率に、その事柄の評価値を掛けたものの総和で表わすことができます。

サンクトペテルブルクの逆説ゲームにおいて、1回目に裏が出る確率は1／2です。2回目にも裏が出る確率は1／2×1／2＝1／4、3回目にも裏が出る確率は1／2×1／2×1／2＝1／8、……となります。

もらえる金額は1回目が100円、その後、2×100＝200円、2×2×100＝400円、……となるので、もらえる金額の期待値は（確率）×（もらえる金額）の総和ですから、

1／2×100＋1／4×200＋1／8×400＋……＝50＋50＋50＋……＝∞（無限大）

となります。

実に、このゲームであなたが期待できる儲けは無限大なのです。

恐らくあなたはやらないでしょう

数学的に言えばあなたは、このゲームから平均して無限大の儲けを得るチャンスがあります。そこで、あなたは無限大の儲けに期待し、1万円を払ってこのゲームに参加しました。

しかし、1回目にいきなり表が出てしまい、儲けは0円でした。そこで、期待値が無限大ということに賭けて、あなたはもう1度1万円を払いゲームをやることにしました。

今度は3回目まで裏が続き、あなたは100＋200＋400＝700円をもらうことができました。残念ながら、4回目は表が出て、ゲーム・オーバーでした。

あなたは、そこでさらに1万円をつぎこんでゲーム

を続けました。しかし、今回は2回目まで裏が出たのですが、３回目に表が出て、またもやゲーム・オーバーとなりました。３回ゲームに挑戦してあなたが使った金額は３万円、獲得した金額は１０００円です。

　あなたは銀行からさらに有り金を下ろして、知人からも借金をしまくってでも、このゲームを続けようと思いますか。何しろ期待値が無限大だと数学的に証明されている絶対の真理なのですよ。

　しかし、賢明なあなたはこのゲームに参加しようと思うことはないでしょう。いくら期待値が無限大だと説得されたとしてもです。

教訓

リスクを警戒する人は、期待値で行動しない

17－2 人はリスクとどう向き合うか？

人は期待効用で行動する

人の行動原理は、数学的な期待値に基づくものではないということを「サンクトペテルブルクの逆説」は教えてくれています。人は期待値ではなく、効用の期待値に基づいて行動すると考えられるのです。

これを**期待効用仮説**と言います。

期待効用仮説を考える

宝くじ1枚の期待値と、宝くじ1枚から得られる効用の期待値を比較するというモデルで、人間のリスクに対する行動を考えてみます。

宝くじには1等1億円、2等6000万円などのように当たりくじがありますが、多くのはずれくじもあります（次ページ図表17−1）。

1枚の宝くじが、平均いくらの賞金になるかという期待値は計算できます。期待値は、当たる確率と賞金額をそれぞれ掛けた数字の総和で表わします。

宝くじ1枚の期待値が300円だと、もしあなたがすべての宝くじを1人で買い占めたとすれば、すべての当たりくじの賞金を足して、買った枚数で割ってみると300円になることを意味しています。

17-1　宝くじの可能性

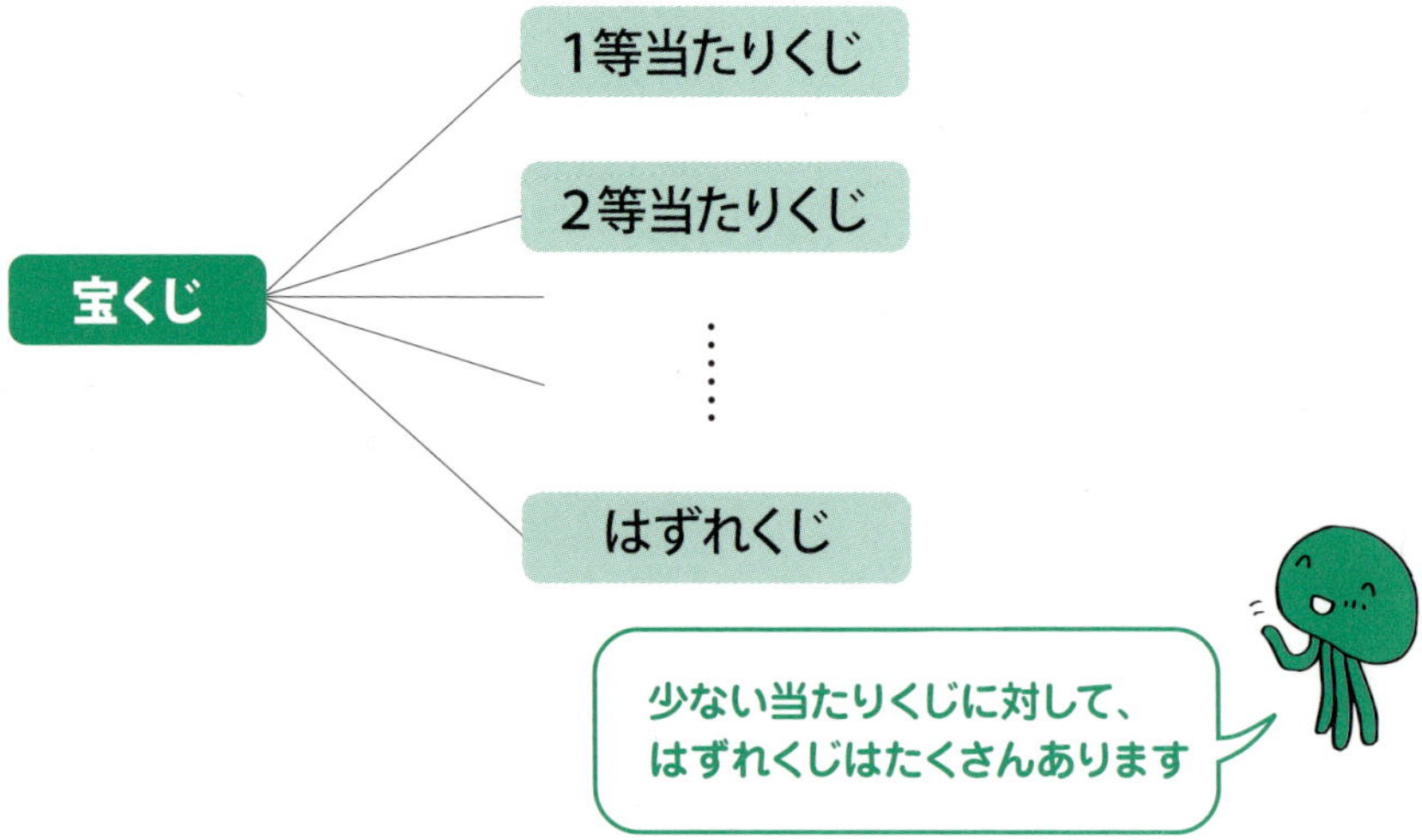
宝くじ
1等当たりくじ
2等当たりくじ
……
はずれくじ
少ない当たりくじに対して、
はずれくじはたくさんあります

実際の宝くじは、運営費や公共事業財源が総売上金額から引かれているので、期待値は購入金額より低くなります。ただし、ここでは簡略化のためにそのことを考慮に入れていません。

教訓　人は期待値ではなく、効用の期待値で行動する

リスクへの態度は3類型

期待値が300円の宝くじを、300円であなたは買うかどうかを考えてみましょう。

期待値300円の宝くじの効用の期待値（期待効用）と、貨幣300円からあなたが得られる効用の期待値を比較すると、その態度は3つの類型に分けられます（図表17―2）。

❖リスク回避者

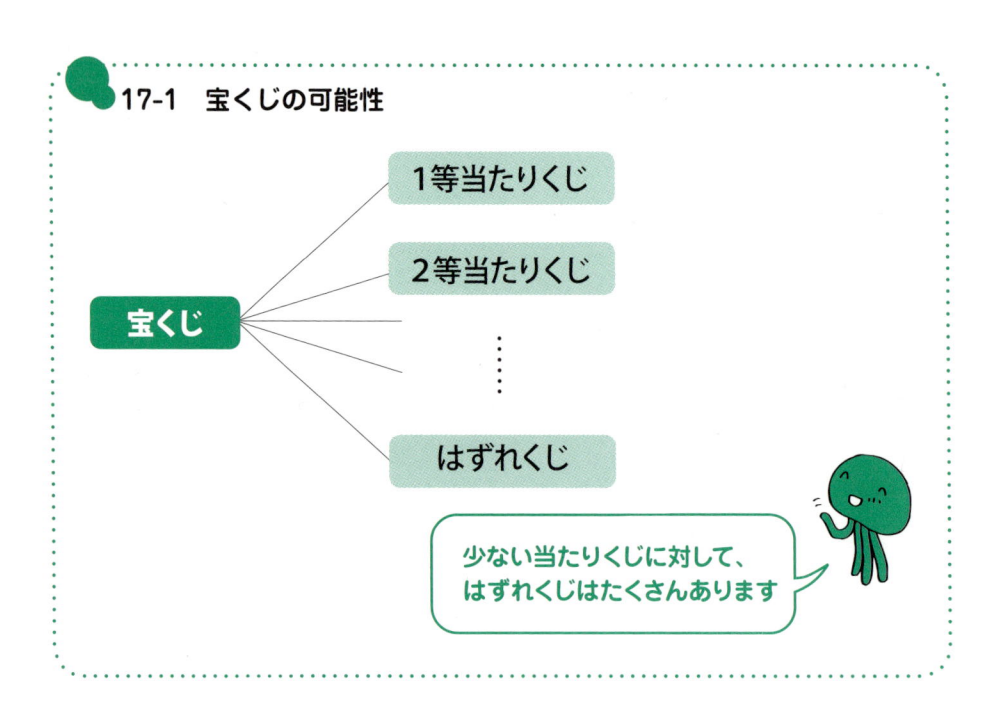

もし、あなたが貨幣300円の期待効用のほうが期待値300円の宝くじの期待効用より高く、宝くじを

17-2　リスクへの態度の３類型

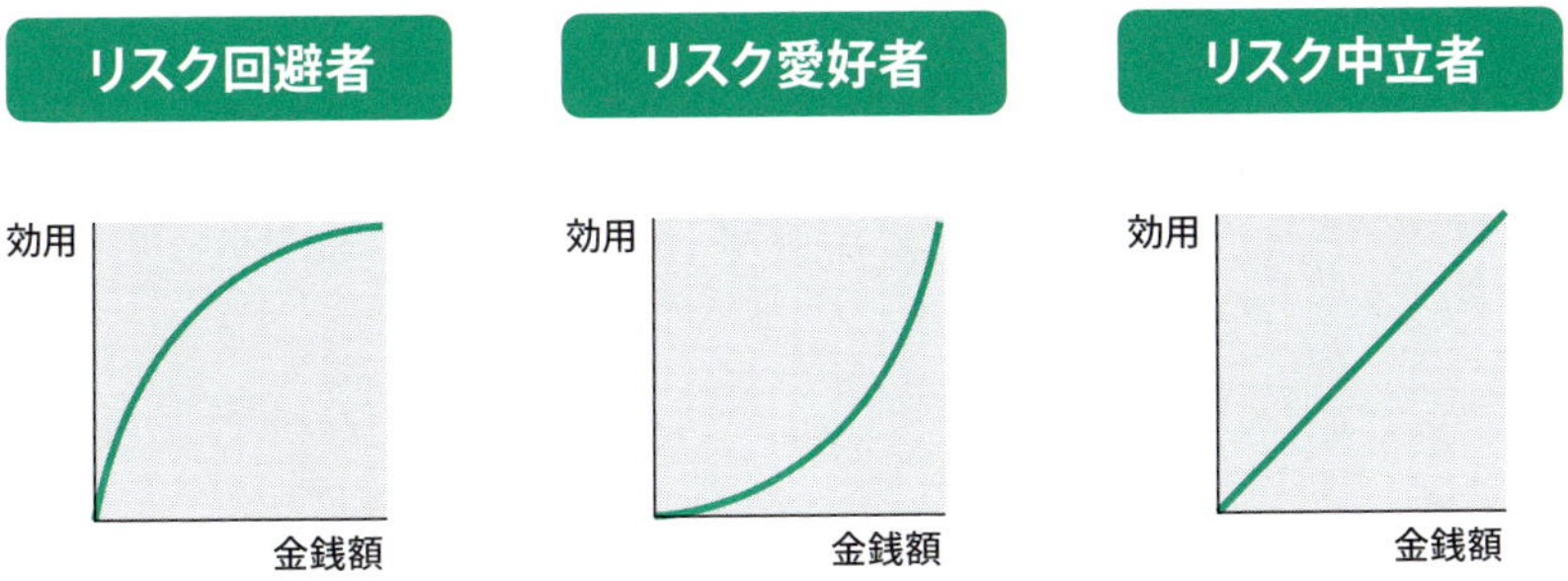

買うより現金で持っていたほうがよいと判断するのであれば、**リスク回避者**だと言えます。

　ゲーム理論において、通常の人は「リスク回避者」として行動します。

❖リスク愛好者

　もし、あなたが貨幣３００円の期待効用より期待値３００円の宝くじの期待効用のほうが高く、現金で持っているより宝くじを買ったほうがよいと判断するのであれば、**リスク愛好者**だと言えます。

❖リスク中立者

　もし、あなたが貨幣３００円の期待効用と期待値３００円の宝くじの期待効用を等しいと判断し、買ってもよいし、買わなくともよいと考える人ならば、**リスク中立者**だと言えます。

教訓

通常、不確実なものがあるとき、人はリスク回避をするものだ

現実に表われるリスクの例

私たちの周りでは、人のリスクへの態度が表われる場面が数多くあります。代表的なケース2つを見てみましょう。

リスク回避者の営業パーソン

営業パーソンがリスク回避者であれば、企業に対して歩合給を高めに要求することになります。歩合給が低ければ、その営業パーソンのインセンティブとならないからです。

このことは、企業にとっては経理的に計算された妥当な歩合給制度であっても、営業パーソンのリスク回避という態度のため、コスト高の要因になりかねないことを意味します。

大企業と中小企業の価格設定

大企業は、リスクに対して中小企業より耐性があるのが一般的ですので、リスク中立者として振る舞うことができます。

そのため、相見積りなどで価格設定をするときに、リスク回避者の中小企業が少し高めに価格設定せざるを得ないのに対して、大企業はリスク中立者として価格設定をすれば、その分価格を低く設定することができます。リスクに対する態度の違いが競争力となって表われるのです。

教訓

給与体系の動機付けでは、人のリスク態度を考えに入れて制度設計を考えないと、思ったような効果を上げることができない

Part 18

情報完備・情報不完備ゲームというキー

18－1 情報完備ゲームと情報不完備ゲームの違いって何？

現代のゲーム理論で鍵となる、「情報の完備・不完備」について考えます。情報の状態により最善の利得を追求するプレイヤーの振る舞いが違ってきます。

情報完備・不完備とは？

ここまでのゲームは、そのルールについて互いに熟知していることを前提としていたので、自分を含めた全プレイヤーのゲームの要素を吟味し、利得を比較できました。これを**情報完備ゲーム**と呼びます。

しかし現実には、相手がどんな戦略を持つかわからない、戦略はわかっていても利得がわからない、自分のことについてもわかっていない、ということがよくあります。これを**情報不完備ゲーム**と呼びます。

情報不完備ゲームにおいては、情報完備ゲームのツールをそのまま使えず、意思決定に強力な力を発揮したバックワード・インダクションも使えません。

共有知識（コモン・ノレッジ）

情報完備ゲームが、どういうゲームであるかを知るために、**共有知識**（「共通認識」「コモン・ノレッジ」とも言います）という概念を導入します。

ある事柄について**共有知識である**とは、「自分と相手がその事柄について知っているだけではなく、自分がそのことを知っているということを相手も知っているということ」です。さらに、「自分が、相手が自分のことを知っていることも知っている」という状態が、ずっと続くことを言います。

このような知の連鎖状況が実現していることで、自分や他のプレイヤーが、その事柄について互いに正しく判断することができることになるのです。

情報完備ゲームとは、全プレイヤーにとって、そのゲームのルールが「共有知識」であるゲームのことです。ゲームのルールが全プレイヤーにとって共有知識となっていない場合が、情報不完備ゲームになります（図表18―1）。

情報不完備ゲーム（ベイジアン・ゲーム）とは？

情報不完備ゲームでは、プレイヤーのなかに自分や

18-1　情報完備ゲームと情報不完備ゲームの違い

	ルールについて	バックワード・インダクションを
情報完備ゲーム	互いに熟知している（共有知識である）	使える
情報不完備ゲーム	誰か１人でもよく知らない人がいる（共有知識となっていない）	使えない

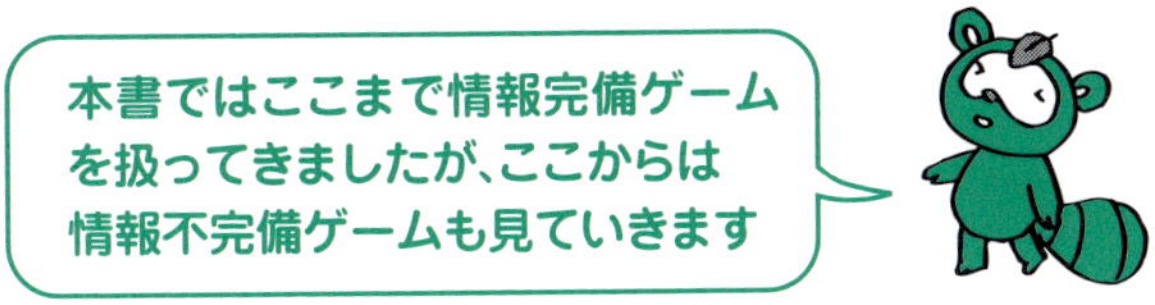
本書ではここまで情報完備ゲームを扱ってきましたが、ここからは情報不完備ゲームも見ていきます

他人のゲームの要素についてよく知っていない人がいます。ゲームを確定できないので、いままで使っていた利得表やゲームの木でゲームを表わすことができません。つまり、そのままの状態では解くことができないのです。

そこで、プレイヤーのタイプというものを考えます。それぞれのタイプについては、その戦略や利得などがわかっているとしますが、どのタイプかは他のプレイヤー（場合によっては自分自身も）にはわからないとするのです。

そして、**自然**というプレイヤーが他のプレイヤーのタイプを決めるゲームを考えます。どのタイプが実際のプレイヤーのタイプであるかを、自然がある確率で決めるというものです。

このゲームを**ベイジアン・ゲーム**と呼びます。厳密には情報不完備ゲームとベイジアン・ゲームは異なるものです。ベイジアン・ゲームは情報完備ゲームなのです。しかしゲーム理論では、戦略上の観点から両者を同一視して考えることにしています。

通常、私たちは歴史を調べたり、経験から人間や企業の類型を考え、相手がどの型の人間かを推定し、そこから考えられる相手の行動を予想して対応しています。情報不完備ゲームもそれに類似したものと考えれば、イメージがしやすくなります（図表18―2）。

情報の非対称性

プレイヤーの情報に偏りがある情報不完備ゲームを特に考えてみます。

情報の対称性と非対称性

情報が対称的な場合とは、各プレイヤーが情報を共有しているときを言います。

情報が非対称的な場合とは、あるプレイヤーが他のプレイヤーより多く情報を持っているときを言います。そのままでは経済学的には資源配分の歪みなどの諸問題が発生します。

情報の非対称性があるときのゲームの考え方

情報を持っているプレイヤーと、持っていないプレ

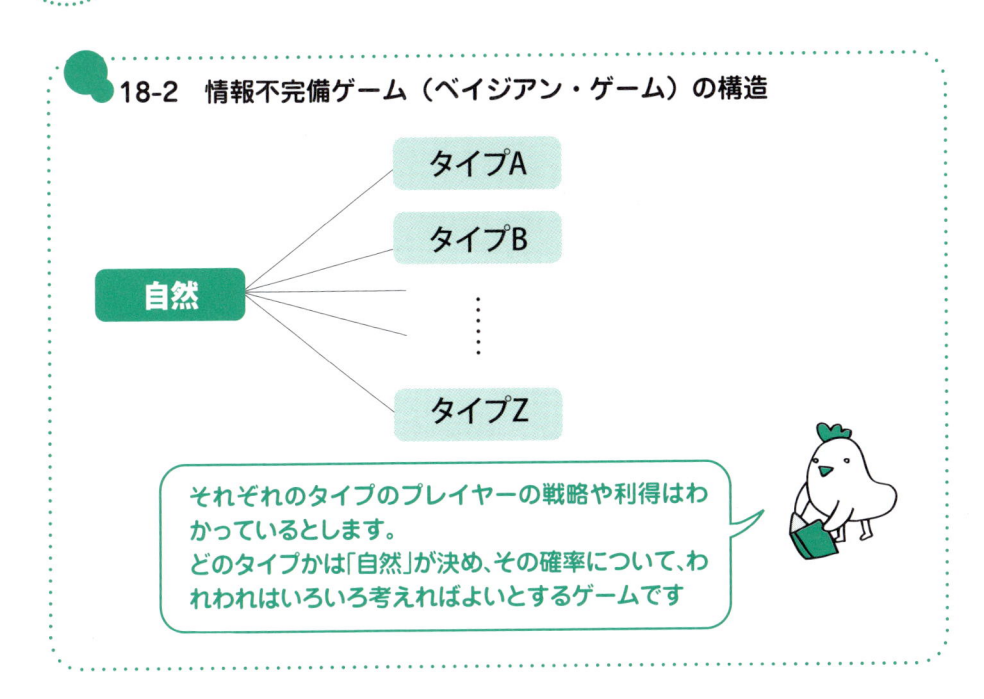

18-2　情報不完備ゲーム（ベイジアン・ゲーム）の構造

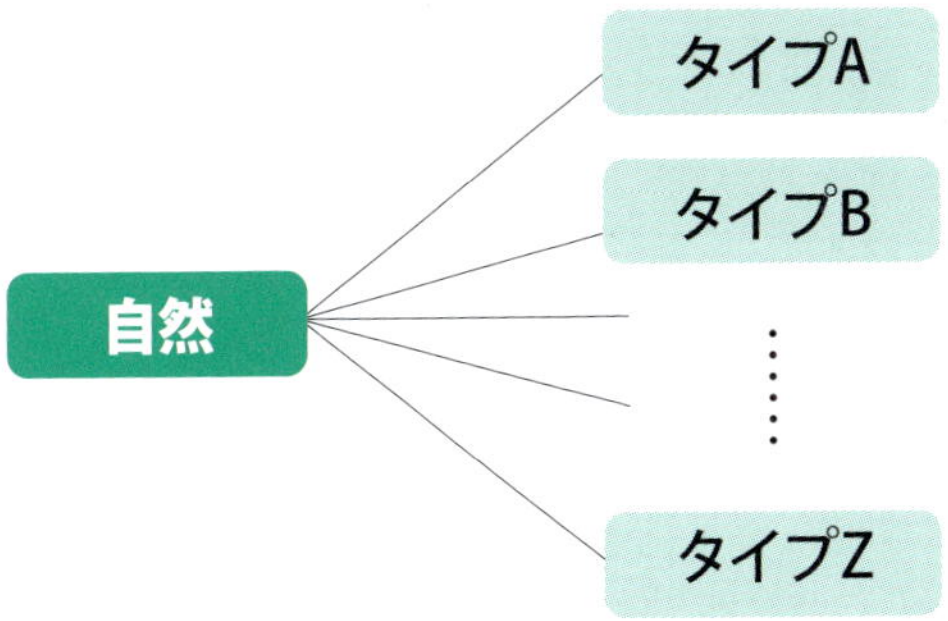

それぞれのタイプのプレイヤーの戦略や利得はわかっているとします。
どのタイプかは「自然」が決め、その確率について、われわれはいろいろ考えればよいとするゲームです

イヤーの取引をゲーム理論では次のように考えます。

①はっきりとわかっていないプレイヤーには、そのままでは対処の仕様がないので、いくつかのタイプに分けます。たとえば、「音楽」という切り口で、「クラシック好き」「ロック好き」「演歌好き」「音楽嫌い」などとします。

②それぞれのタイプに対して行動選択肢を対応させます。たとえば、「クラシック好き」は「ベートーベンのCDを買う」、「ロック好き」は「エルビス・プレスリーのCDを買う」などです。

③プレイヤーの実際のタイプがどれであるかは、情報の少ないプレイヤーにはわかりません。それは自然というプレイヤーが決めるものだとします。自然が各プレイヤーのタイプを確率で割り当てます。ゲームとしては、ここがはじまりの「根」の部分です

④相手のプレイヤーのタイプ、他のプレイヤーの行動選択肢それぞれに対応して利得の組ができます。

⑤各プレイヤーが自分の利得を最大とする行動を模索し（利得を読んで）、ゲームの結果が出ます。

18－2

情報の非対称性があると悪い事態が起こる

「情報の非対称性」を知るための事例

Part 18—1の「情報の非対称性」を具体的に示した、ジョージ・アカロフ（1960〜）の中古車取引の事例でさらに説明します。

事例18-1 中古車取引

ある人が車を売りにディーラーを訪れた。その車のユーザーである売り手は、買い手であるディーラーより整備状況や事故歴などでずっと多くの情報を持っている。ここに車の品質に関する「情報の非対称性」が存在する。なお、ディーラーはリスク中立者だ。

車の品質は「よい」と「悪い」の2つ。本来、車の品質は細かく等級分けできるが簡略化する。ディーラーの行動選択肢は、その車を「買う」か「買わない」か。ディーラーは「よい」車なら100万円、「悪い」車なら50万円で買う。このことは売り手と買い手の共有知識とする。しかし、その車が「よい」車なのか「悪い」車なのかが不確実な場合、ディーラーは期待値を買値とする。

ゲームで考えると、まず「自然」がその車の「よい」「悪い」を決めます。ディーラーが「よい」車であると予想する確率をpとすると、「悪い」車であると予想する確率は1－pとなります。この確率を**信念**と言います。

「よい」車であるとの信念を1／2とすると、「悪い」車であるとの信念も1／2となります。

その車の期待値を計算すると、

1／2×100＋1／2×50＝75

となるので、ディーラーの買い値は75万円です。

ユーザーの意思決定

ユーザーは「よい」車を持ち込んだ場合と、「悪い」車を持ち込んだ場合で、意思決定が異なります。

ユーザーの利得は「売値」から「万円」の単位を取った数値に「満足度」の数値を足したものとします。満足度は、高く売れたときは大きく、安く売れたときは小さくなります。ディーラーの利得は「本来の価値－買値」に利益として20万円を足したものから「万円」の単位を取った値とします。

「よい」車を持ち込んだ場合

ディーラーの値付けについての共有知識があるので、ユーザーは自分の車の価値を100万円だと知っています。しかし、車の品質については情報の非対称性があるので、ディーラーは75万円を買値として提示することになります。本来、正しく評価されれば100万円ですから、25万円も低い査定額です。

100万円で売れたときの満足度は5、50万円で売れたときはマイナス5とします。ディーラーが75万円を買値とする場合、ユーザーは車を手放しません。

「悪い」車を持ち込んだ場合

ユーザーは自分の車の価値が50万円だと認識しています。75万円で売れれば、ユーザーは75－50＝25（万円）の得となります。満足度は100万円で売れたときは10、50万円で売れたときは5とします。この場合、ユーザーは車を喜んで売ることでしょう。

中古車取引のゲームを木で表わすと、図表

18―3のようになります。このときディーラーの行動は、「100万円で買う」と「50万円で買う」の2つです。ディーラーには、ユーザーの車が「よい」か「悪い」かわかりません。

市場は悪い車のみになる

多数の売り手、買い手がいる中古車市場で、「よい」車のユーザーは中古車市場で自分の車を売ることはありません。「悪い」車のユーザーのみが売ることになります。すると、実際に取引される車の質が悪化することに伴い、取引価格はさらに下がり続け、それが質の低下を促進します。取引されるモノの価値が正しく評価されていれば、「よい」車は高い評価で、「悪い」車は低い評価で流通しますが、ユーザーとディーラーの間に「情報の非対称性」があるために、健全な商取引が行なわれなくなっているのです。

情報の非対称性が存在すると、社会的には悪い品質のモノのみが流通するという不都合が生じることをこのゲームは示しているのです。

18-3　中古車取引のゲームの木

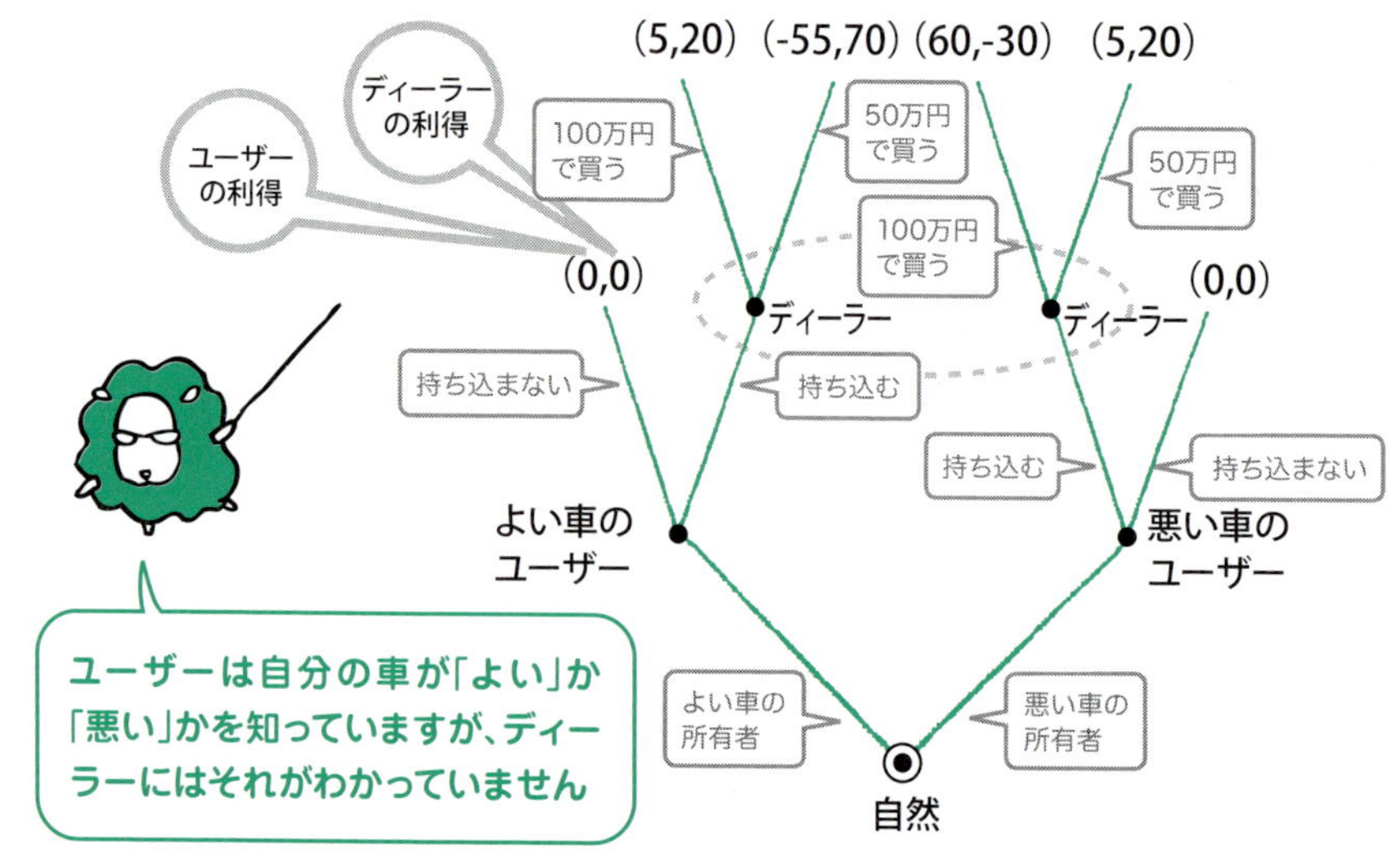

(5,20)
(-55,70)
(60,-30)
(5,20)
ディーラーの利得
ユーザーの利得
100万円で買う
50万円で買う
50万円で買う
100万円で買う
(0,0)
(0,0)
ディーラー
ディーラー
持ち込まない
持ち込む
持ち込む
持ち込まない
よい車のユーザー
悪い車のユーザー
よい車の所有者
悪い車の所有者
自然
ユーザーは自分の車が「よい」か「悪い」かを知っていますが、ディーラーにはそれがわかっていません

18－3 情報不完備ゲームを有利に進める方法と手段を知ろう

逆選択（逆淘汰）とは？

通常の市場においては、高品質なモノや、リスクの低いモノが選ばれるという特徴があります。

ところが、そのモノを取引するプレイヤーの間に「情報の非対称性」があると、逆のことが起こる可能性があり得ます。それを**逆選択**あるいは**逆淘汰**と言います。

次の2つの事例から、「逆選択」の状況を読み取ってみましょう。

事例18-2 企業と消費者の間の情報の非対称性

ある企業が新商品を発明した。その新商品を取り入れれば、消費者の生活は改善するが、企業と消費者の間には「情報の非対称性」が存在する。企業はその新商品の効果について熟知している。しかし、消費者は説明された部分のことしかわからない。

消費者が新商品について知る機会がなく、その効果を信じない場合、新商品が普及することはない。普及していたら消費者の生活は前よりも改善していたはずが、結局は改善されないという不都合が生じてしまう。

事例18-3 保険商品における逆選択

保険商品は、加入者の保険料と支払い保険金額が釣り合うように定められている。火災保険や自動車保険のような損害保険において、事故率が上昇して保険料を上げていくと、加入者のなかでも慎重で用心深く、滅多に事故を起こさない人は保険を解約するだろう。

保険料が上がっても継続し続けるのは、それほど慎重ではなかったり、注意力が散漫なため事故を起こす確率が高いと自ら考えている人である可能性が高い。そういう人の割合が多くなると、保険が適用される事故件数は増加。保険料はさらに引き上げられ、高い保険料でも加入していたほうが得と考える人だけが残るという現象が起こる。

「情報の非対称性」への対処方法を考える

2つの事例で見たように、プレイヤー間に「情報の非対称性」が存在するために起こる事態への対処法を検討してみましょう。

「シグナリング」で情報を伝える

プレイヤー間で情報が共有されていないときに、自分の情報を他のプレイヤーに戦略的に伝える方法の1つに、**シグナリング**があります。

他のプレイヤーが観察できるモノや行動を、「シグナル」として行使する戦略のことを、「シグナリング」と言うのです。

しかし、シグナリングとして機能するためには、受け取る側がそれを信頼できる情報と捉えてくれなければなりません。

他のプレイヤーがシグナリングによって観察できたモノや行動による情報について、「信頼できる」かどうかを判定する条件は、その情報伝達に「コストがかかる」かどうかです。

情報伝達にコストがかかるとはどういうことでしょうか。次の事例を見てみましょう。

事例18-4 保証書

電化製品を買うと、通常1年間の無料修理を保証する保証書が付いている。これは、1年間に故障が続発することを意味するわけではない。

修繕にはコストがかかるため、販売側はコストがかからない、すなわち故障しない優良な製品であることを示しているのだ。「これは優良な製品です」ということをただ提示しても、「情報の非対称性」があるので消費者は信用しない。そこで保証書を発行するという「シグナリング」を通じて、製品の優良さを示している。

製品の品質が悪く故障が相次ぎ、それを無償で修理していては販売者は赤字になるはずです。製品に無料修理の保証書を付けることによって、逆に消費者は故障が少ない製品だと判断するのです。このような判断をしてもらえれば、保証書は立派に「シグナリング」を果たしていると言えるでしょう。保証が機能するには、もし製品が不良であれば、修理代というコストを負担すると約束しているからです。

「スクリーニング」で相手の意図を知る

「情報の非対称性」があると、プレイヤーの意図はすぐには他のプレイヤーに伝わりません。このような場合に、相手の隠している本当の意図を表に出させるために、自分が取る行動を**スクリーニング**と言います。

「スクリーニング」とは、相手が秘している意図を表わさせることです。意図は、特定のタイプが所有していると考えれば、相手のタイプを知ることを目的とした行動を取ればよいのです。

❖「スクリーニング」の方法と手段

スクリーニングには、次の3つの方法があります。それぞれ具体的に見ていきましょう。

① 物的な裏付けを課す

特急や新幹線などの乗車券は、それを持つ乗客の乗車権利を示します。電車で「切符拝見」と乗務員が回ってくるのは、乗車券を持っているかいないかで、乗客が無賃乗車をしていないかというスクリーニングをしているのです。

同じように考えれば、整理券を発行することもスクリーニングの一例と言えます。整理券を持っているかどうかで、正当な権利を持っているかどうかを識別できます。

②二重、二段階の機会を与える

プレイヤーに対して、二重または二段階の機会を与えることで、スクリーニングを行なうという方法もあります。

たとえば、小売店であれば、販売価格を時期によって変更することで、そのとき高くても欲しい人と、安ければ買ってもよい人をスクリーニングによって識別することができます。

定価販売後にバーゲンを行なうのが、1番わかりやすい例です。

③質問・試験をする

「あなたは……のタイプか」と直接問いかけたり、試験をしたりすることもスクリーニングの手段です。

しかし、戦略的なタイプがいると、単純な問い掛けではスクリーニングを行なうことができません。

イソップ寓話を例に見てみましょう。

事例18-5 金の斧（イソップ寓話）

木こりは斧を河に落としてしまった。神が河のなかから金の斧を拾ってきて「これか?」と聞くが、正直者の木こりは「違います」と答え、銀の斧を見せられても違うと答えた。神は最後にはこの正直者の木こりに、落とした斧と金と銀の斧を与えた。

それを聞いた不正直者の木こりが同じように斧を河に落とし、金の斧を「自分のものだ」と答えたため、ウソが見破られ自分の斧すら戻してもらえなかった。

神は木こりの2タイプ（正直者と不正直者）を、斧を示して問うことでスクリーニングしました。しかし、そこに第3のタイプである戦略的な木こりがいたら、この質問法では識別できません。

戦略的な木こりは、金の斧を示されても、銀の斧を示されても、「自分のものではない」と当然のように答えるでしょう。

戦略的な木こりが、「神は正直者を愛でる」と読んでいれば、金と銀の斧を得ることを予想できるのです。すると、戦略的な木こりの態度は正直者と区別がつかなくなります。

戦略的な木こりが現われた場合、神はスクリーニングに「罰則」を付けることで対応できます。

神は自分が全能であることを示し、不正直であれば罰則を科すと宣言してから、斧を示します。そして、木こりに対して木こりの斧かどうかを問えば、スクリーニングは有効となります。

ホールドアップ問題

投資がすでに行なわれ、引き返せない状況で、相手に不利な取引条件を持ち出すときに起こる問題が、**ホールドアップ問題**です。

ホールドアップ問題は、情報完備ゲームであれば、決して起こり得ません。なぜなら、起こり得る状況への対処法をあらかじめ決めておけるので、ホールドアップには至らないからです。

ビジネス上で取引を行なう場合には、ホールドアップになりそうな事柄を逐一契約条項に書き込んだ「契約」をしておけばよいでしょう。情報不完備の場合は、常にホールドアップ問題が起こる可能性があることに注意してください。

Part 19

プリンシパルとエージェントの深遠な関係

19−1 さまざまな関係のなかに見られるプリンシパルとエージェント

他のプレイヤーに、自分に代わって行動してもらいたいときに起こるさまざまな問題を考えていきます。患者と医者、株主と経営者、会社と営業パーソン、発注企業と受注企業など、現代の至るところで繰り広げられているゲームです。

「プリンシパル」と「エージェント」

いま、ある目的を遂げたいと思っている人が、自分ではその行動ができず、他のプレイヤーに代わってやってもらいたいと考えているとします。

このようなプレイヤーを**プリンシパル**（委託者、依頼人）と言います。プリンシパルに委託されて、その目的を代行しようとするプレイヤーを**エージェント**（代理人）と言います（図表19−1）。次の事例から、両者がどのような関係にあるかを見てください。

事例19-1 株主と経営者

株主は、本来ならば株を保有する会社を経営し、利益を得たいと思っている。しかし、自分自身には経営する能力または時間がないため、その経営を他のプレイヤーに委託している。

19-1　プリンシパルとエージェントの関係

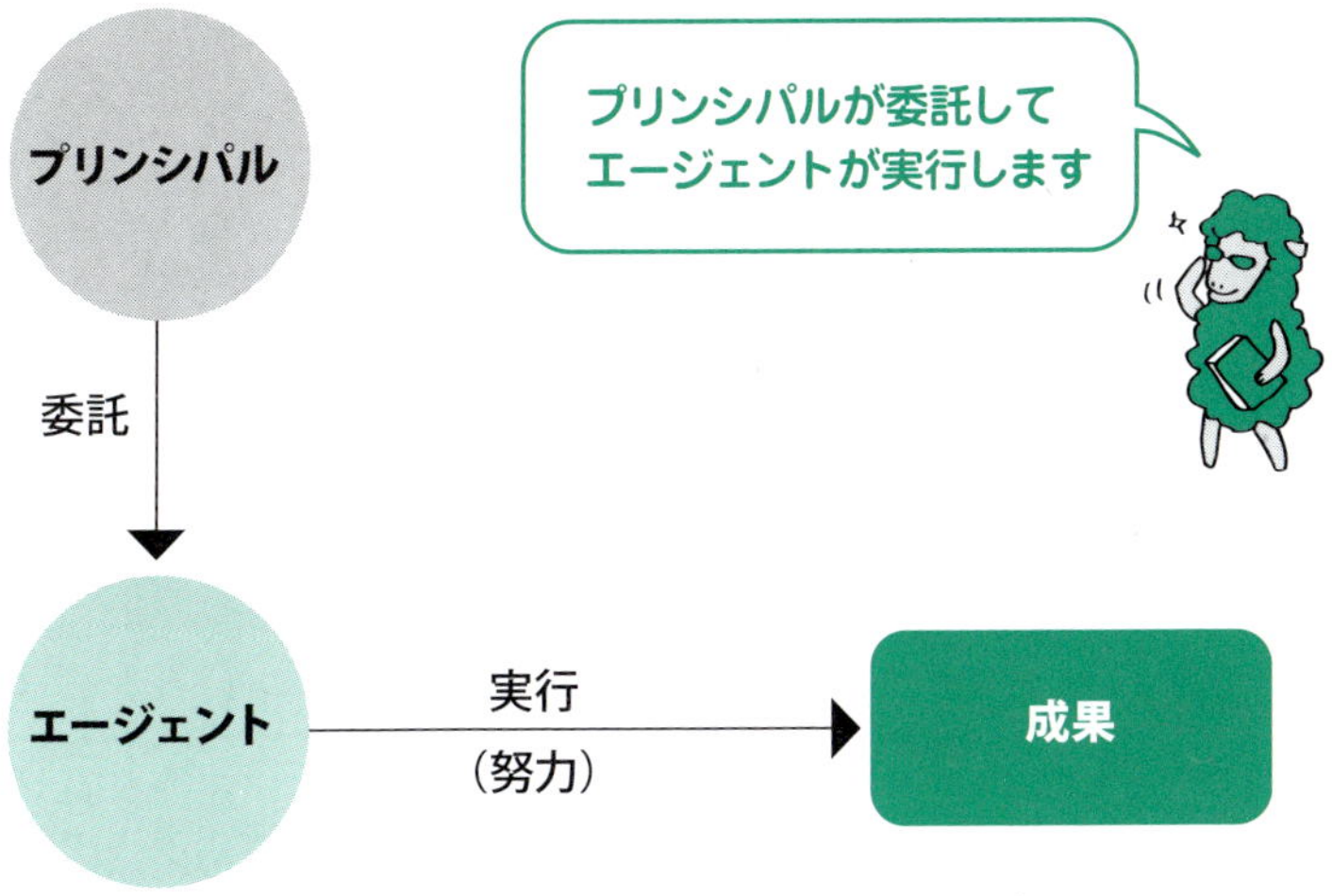
プリンシパル
委託
エージェント
実行
（努力）
成果
プリンシパルが委託して
エージェントが実行します

この事例では、株主が「プリンシパル」にあたり、株主から経営実務を行なうように委託されている取締役などが「エージェント」にあたります。

19－2

プリンシパルとエージェントの間に起こる問題とその解決法

「プリンシパル・エージェント問題」とは？

プリンシパルとエージェントの間には、インセンティブが異なることからさまざまな問題が起こり得ます。この問題を**プリンシパル・エージェント問題**と言いますが、それを列挙すれば次のようになります。

①エージェントはプリンシパルの目的を本当に真摯に代行してくれるか
②エージェントにはモラルハザードが発生する余地がある
③プリンシパルとエージェントの間にホールドアップ問題が起こり得る
④どうやったらエージェントをコントロールできるか

これらの問題とその対策を考えていきましょう。

①エージェントはプリンシパルの目的を本当に真摯に代行してくれるか

プリンシパルとエージェントは別のプレイヤーなので、行動の目的は一般的に一致しません。目的が違えば、行動の動機となるインセンティブも異なります。

すると、エージェントが本当にプリンシパルの望みを実行してくれているのかという疑問が起こります。

次の2つの事例から、プリンシパルとエージェントのインセンティブの違いを読み取ってみましょう。

事例19-2 会社と営業パーソン

会社は利益を上げることを目的にしている。一方、営業パーソンは自分の成績を上げることを目的にしているので、顧客によく思われたいがために、会社に損をかける行動もあえて行なう可能性がある。

事例19-3 医者と患者

医者には、むずかしい手術をしたい、あるいは研究が第1の目的で、病気を治すのは二の次というタイプがいる。そのような場合、患者には必要でない治療をするインセンティブがあり得る。患者は、病気を治してもらうことが第1の目的で、自分の病気を研究してもらうことではない。

事例19−2のような営業パーソンは、自分の心証をよくするために、会社にとって利益となる製品とは異なる製品を顧客に対して勧めるかもしれません。

事例19−3のような場合に、手術が必要な患者がいるとします。その手術には、簡単な従来どおりの方法と、最新式の方法があります。最新式の方法は、この患者に必要ではありません。しかし、従来の方法ではむずかしい部位や症状の患者に対しては必要で、医者はその技術を習得したいと考えています。この場合、医者は最新式の手術を患者に勧めるでしょう。

かつて、心臓が悪い患者に自分がやったことのない方法で手術を試みて、死なせてしまった医療過誤事件がありました。それはプリンシパル・エージェント問題での目的の相違から起きたと言えます。

教訓

プリンシパルとエージェントでは目的が違うので、エージェントがプリンシパルのためにいつでもよいことを行なうとは限らない

②エージェントにはモラルハザードが発生する余地がある

プリンシパルは、エージェントに自分の目的に沿った行動のみをさせたいと思っています。しかし、エージェントがプリンシパルに対して努力しようとするインセンティブが欠落していれば、**モラルハザード**という問題が起こります。

❖「モラルハザード」とは？

「モラルハザード」とは、悪い状態や危険な状態を回避しようとするインセンティブが、欠如している状態のことを言います。決して、「モラル」という言葉から連想されるような道徳的な問題を指すわけではありません。

プリンシパルの目的を遂げようとするエージェントの行動を「努力」と表現します。プリンシパルは、エージェントの努力をすべて観察することができるでしょうか。

観察できたとしても、その行動がプリンシパルの意向に沿っているのかを判断するのはむずかしい場合があります（図表19―2）。

つまり、プリンシパルとエージェントの間には、「情報の非対称性」があることになります。そこにモラルハザードが発生する余地があるのです。

事例19-4 株主は経営者をどうやって見張る？

経営者の行動・努力が株主の意向に沿ったものかを、株主側は簡単に判断できない。

いま、ある経営者が行動選択を迫られている。一方は、自分の効用が高まるが、会社の利得に影響はない。もう一方は、会社の利得を大きくするが、自分の効用は高まらない。経営者というプレイヤーが利己的であれば、自分の効用を高めるほうにインセンティブを感じるだろう。

経営者が自分の効用を高める行動を取りたくなる理由は、私的理由による行動であっても、他人からはそれが判断できないからに他なりません。

経営者が自分の効用を高める行動を選択したとして

19-2 モラルハザード問題の構造

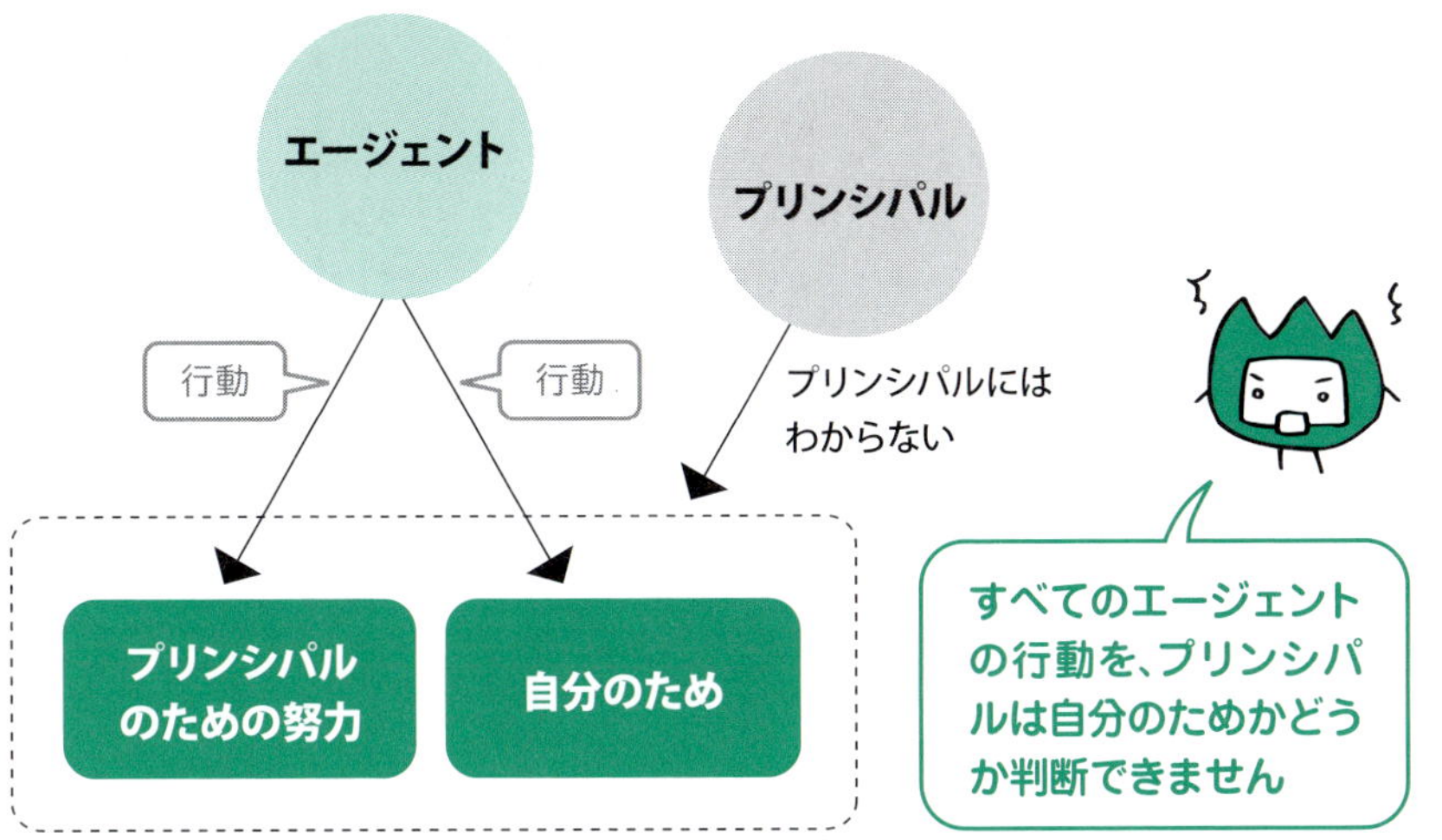
エージェント
プリンシパル
行動
行動
プリンシパルには
わからない
プリンシパルのための努力
自分のため
すべてのエージェントの行動を、プリンシパルは自分のためかどうか判断できません

も、株主側から「会社と関係ない自分の効用向上のための行動をした」と指摘されたら、経営者は、「これは会社のための行動であって、私利私欲ではない」と反論するでしょう。

その行動が、お得意様とのゴルフであれば、「大事な商談」「関係づくり」であるのか、単に自分の楽しみなのかを株主は判断できません。

教訓 情報の非対称性があれば、モラルハザードが発生する余地がある

③プリンシパルとエージェントの間にホールドアップ問題が起こり得る

ホールドアップ問題については、Part 18で簡単に触れました。ホールドアップとは、引き返せない状況のなかで、相手に不利な取引条件などを持ち出され、断われない状況に陥ってしまうことです。

ホールドアップ問題の事例を見てみましょう。

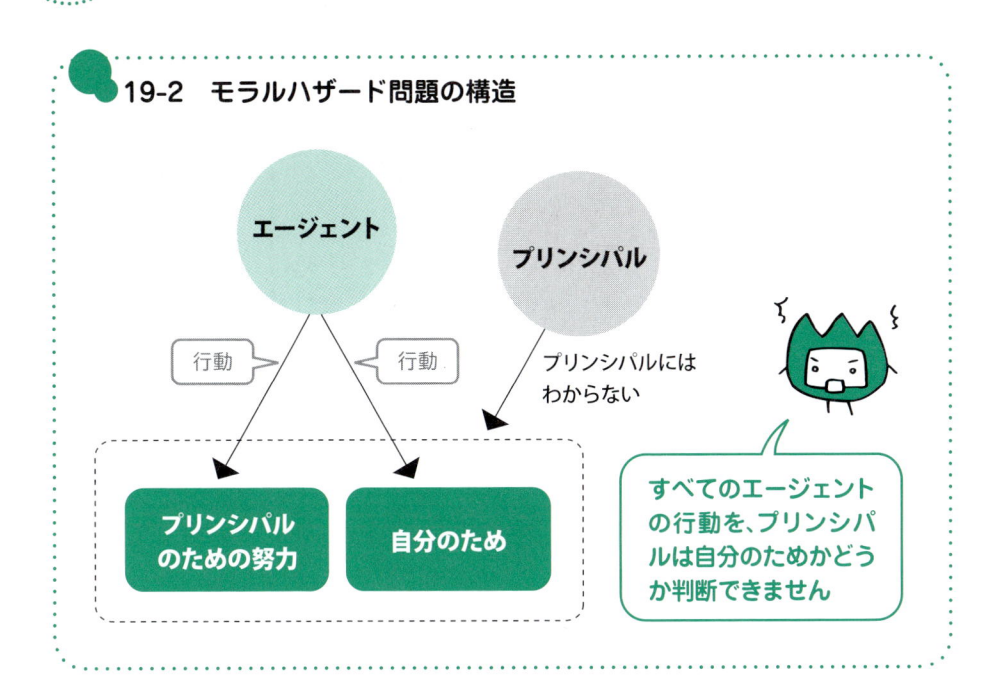

事例 19-5 多角化事業と取引相手

多角化事業を進めているA社が、新規事業開始のための調査の結果、X社のみに取引を限定すると、数量割引の適用や、対応時間の短縮を見込めることが判明したため、X社のみと取引することにした。

しばらくは順調だったが、あるときX社は突然、数量割引の変更や担当者数の削減など、A社に不利な条件を突き付けてきた。それを断わると、A社のその事業に穴があいてしまい、消費者離れが懸念されるため、その条件を呑まざるを得なくなった。

これがプリンシパル・エージェント間に起こるホールドアップ問題です。X社の生産品に対する処分権を、A社が持っていないことから起こります。

製造や販売を他社に委託している場合や、労働者を派遣企業に依存している割合が高い場合などが、ホールドアップ問題に直面しやすい状況です。

教訓 処分権が自分にないとホールドアップ問題に直面する危険性がある

④どうやったらエージェントをコントロールできるか

プリンシパルがエージェントをうまくコントロールしていくためには、次のような対策が必要になります。

モラルハザードへの対処

エージェントのモラルハザードに対して、プリンシパルは自分が観察できる範囲でエージェントをコントロールするしかありません。

エージェントの努力の結果で観察できるものに、「成果」があります。株主ならば、その会社の営業成績などです。患者であれば自分の病状の具合はわかるでしょう。

プリンシパルとしては、成果とエージェントの報酬

19-3 「成果」を見ることでモラルハザードを防ぐ

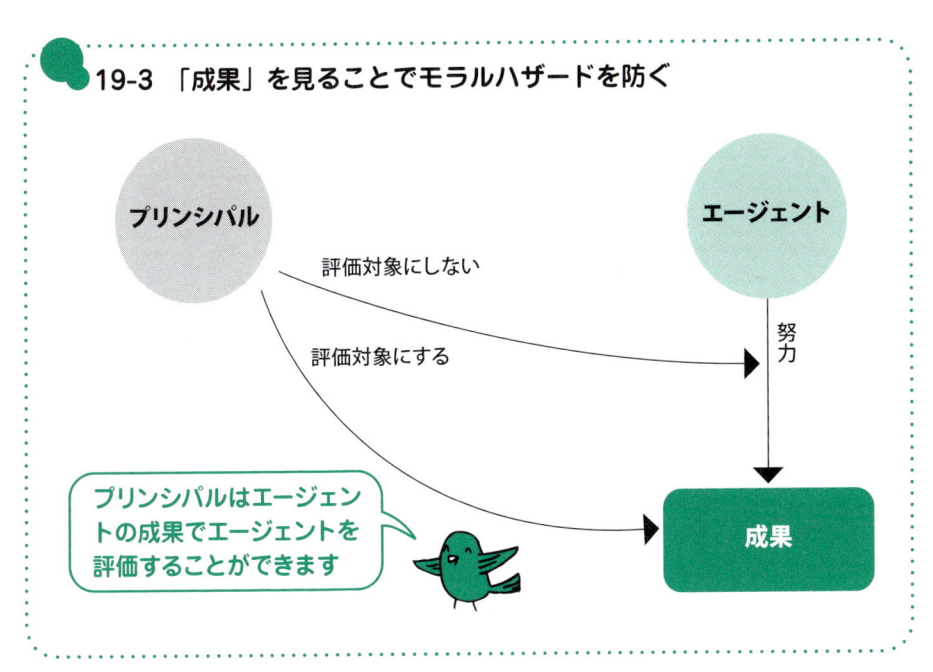

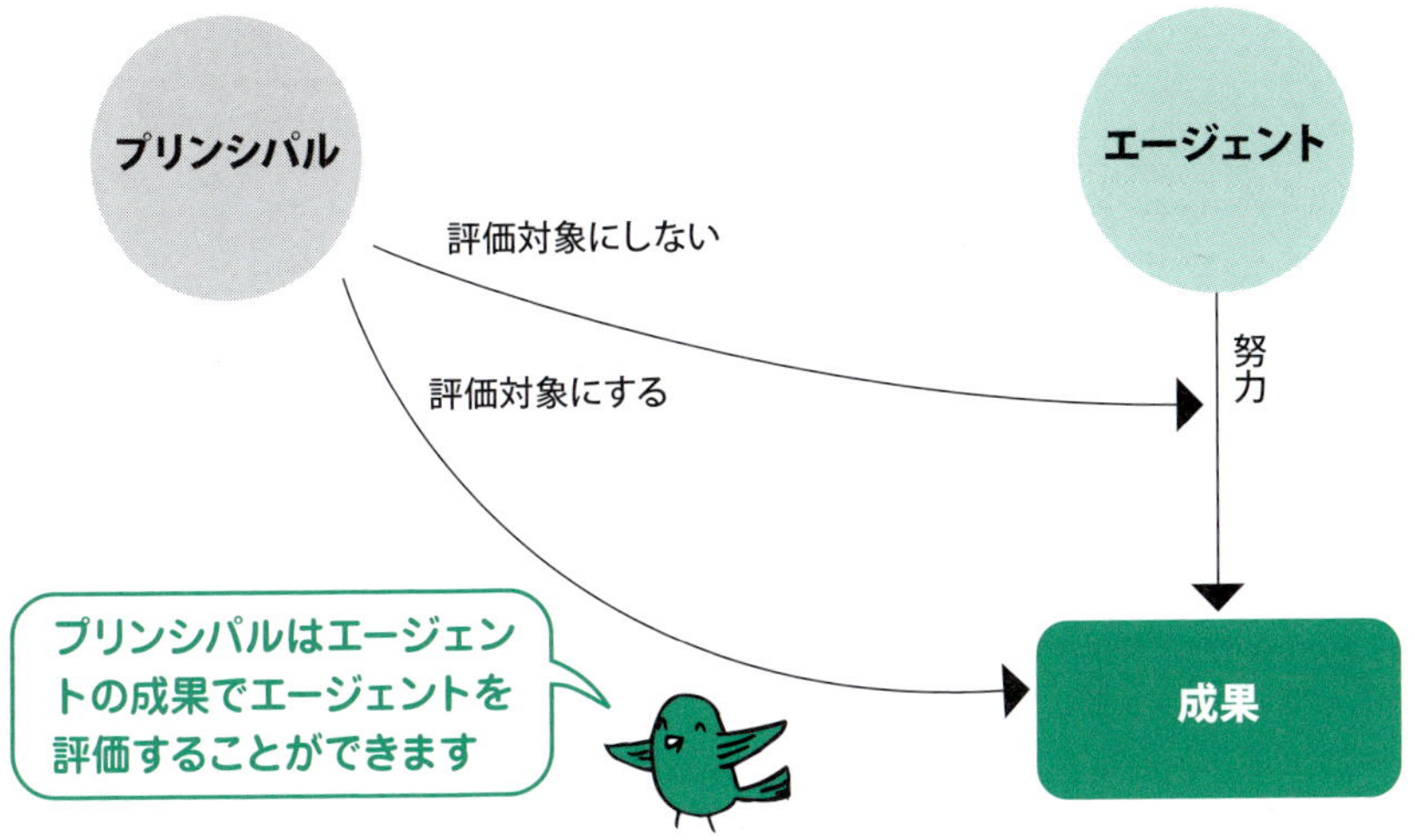
プリンシパル
エージェント
評価対象にしない
評価対象にする
努力
成果
プリンシパルはエージェントの成果でエージェントを評価することができます

19-4 ホールドアップ問題を防ぐ方法

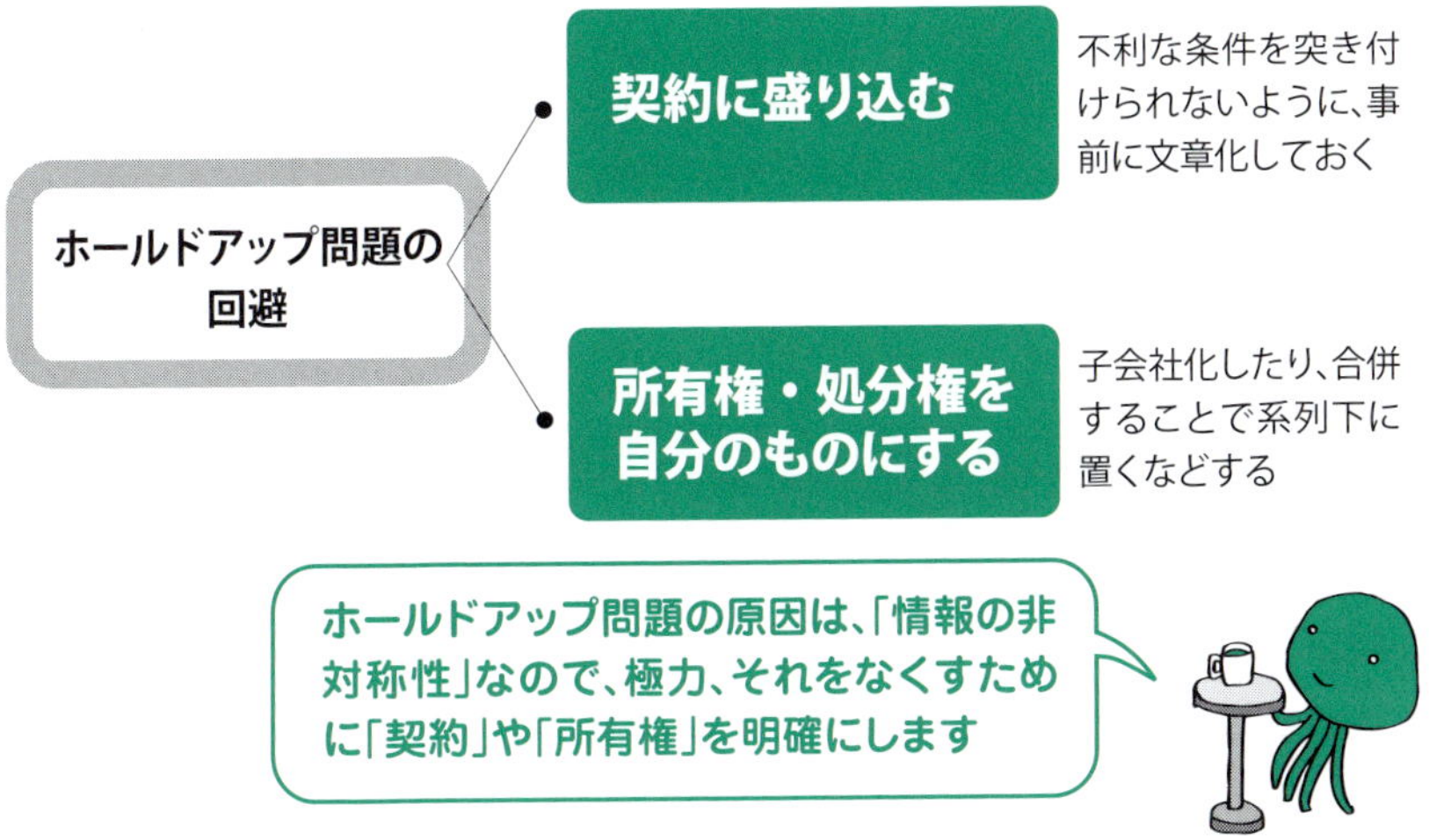
ホールドアップ問題の回避
契約に盛り込む
不利な条件を突き付けられないように、事前に文章化しておく
所有権・処分権を自分のものにする
子会社化したり、合併することで系列下に置くなどする
ホールドアップ問題の原因は、「情報の非対称性」なので、極力、それをなくすために「契約」や「所有権」を明確にします

とをうまく連動させる仕組みを調節したり、固定報酬ではなく適当な目標に連動した報酬制度を設けたりすることで、エージェントの行動をコントロールすることができます（前ページの図表19－3）。

ホールドアップ問題への対処

ホールドアップ問題を回避するためには、「情報の非対称性」をできるだけなくすように情報収集をしなければなりません。そして、あり得るべき事態を細かく契約条項に盛り込む「契約」問題として処理する方法があります。

さらに、原因が処分権・所有権であれば、エージェントを自社の支配下に置くように子会社化したり、合併したりして、処分権を自分が持つことです（図表19－4）。

Part 20

ゲーム理論を実戦に生かす

20-1 ゲームやプレイヤーの「特徴」をつかんで有利な展開に持ち込もう

20-2 ゲームやプレイヤーの「要素」を生かして有利な展開に持ち込もう

20－1 ゲームやプレイヤーの「特徴」をつかんで有利な展開に持ち込もう

これまでに解説してきたゲーム理論のアイデアを使って、より実践的なゲーム理論の使い方を最後にまとめてみます。

プレイヤーそれぞれの特徴を心得る

利己的なプレイヤーは、利己的であるからこそ協調したり、他のプレイヤー以上のコストを負担します。一見、その行動は自己犠牲的にすら見える場合もあるでしょう（たとえば、「合理的なブタ」モデルの大ブタ）。

ゲーム理論を使うにあたって大事なことは、自分や他のプレイヤーの**特徴**と**インセンティブ**をよく知ることです。

プレイヤーのインセンティブをつかむ

人間の行動は**インセンティブ**により起こされます。社会の動きに応じて刻々と変化するインセンティブを見誤らずに、うまく対応した仕組みづくりを怠らなけ

れば、中小企業でも大企業に引けを取ることはありません。

現在は大企業であるキヤノン、ソニーなどは、創業当初、小さいからといって優秀な人材が集まらないわけではなかった、人材が育たなかったわけではなかったことを想起しましょう。

プレイヤー間の情報の非対称性を有利に活用する

情報の非対称性があるとき、それを逆手に取って勝機につなげることができます。

中古車の質にバラツキがあった時代に、保証を付けて販売し、成功した会社がありました。**シグナリング**の技法を応用して、品質の高さを訴えたことが功を奏したのです。

情報の非対称性は日常的に存在します。そこで、**逆選択**をさせない工夫がぜひとも必要になります。自動車保険の等級割引や、生命保険のお祝い金の発想をマネしてみましょう。

協調しているプレイヤーに裏切りをさせないために、**繰り返しゲーム**のモデルをよく見ることをおすすめします。京都の老舗が、「一見さんお断り」戦略によって顧客との協調をつくり出していることもその例証です。

せっかく契約にこぎつけても、**ホールドアップ問題**に陥っては困ります。しかし、自分がはまっては困るホールドアップでも、相手との交渉などを有利に進めるためには、逆にホールドアップの状況をつくってしまうのも一手です。

あなたが「……してくれないと、ホールドアップになって、自分も困るがあなたも困りますよ」と示唆することで、自分にとって不利な行動を相手にさせないこともできるのです。

20－2

ゲームやプレイヤーの「要素」を生かして有利な展開に持ち込もう

ゲームの要素という単純な枠組みを活用する

ゲーム理論を使いこなしましょう。ゲームの要素に着目すれば、さまざまな戦略的示唆が得られます。

ゲームに新たなプレイヤーを導入する

2人ゲームの**ゼロサム・ゲーム**で対立している場合、第3のプレイヤーを導入して、**非ゼロサム・ゲーム**に転換してしまえば、協調の余地も生まれます。共通の敵をつくったり、公正な第3者に監査を依頼するなどがその例です。

ゲームに参加するプレイヤーの数を制御する

プレイヤーの数を制御するだけでも、ゲームを変えることができます。

一般的に、取引するプレイヤーの数は多いほうがよいと直感的に思われるかもしれませんが、一概にそうとは言えません。

コンピュータ・ゲームで成功した任天堂は、初期には自社のソフトウェアをつくる企業を制限していました。しかし、プレイヤーの数を制限しないで任天堂の牙城を破ったのがソニーでした。

手番の順序を考える

ゲームの進行方法を変える、つまり同時手番ゲームを逐次手番ゲームに変えて、脅し、コミットメント、約束といった**戦略的操作**を用いることで、相手の行動に影響を与えることができます。

現実のゲームは**同時手番ゲーム**、**逐次手番ゲーム**の複雑な連鎖になっています。それぞれの段階を正しく捉え、進行方法を変えることで有利に変換できるかを考えてみることです。

先読みの重要性を認識する

ゲームを先読みすることで、いまの時点で自分が何をなすべきかの重要な判断材料となります。

最善な意思決定を行なうために、絶えずゲームの**先読み**の練習をしましょう。**囚人のジレンマ**などの、ゲーム理論を代表するゲームの展開をよく見て、慣れておくことがもっともよい練習方法です。

ナッシュ均衡の存在を忘れずに

ゲームには、**ナッシュ均衡**が存在することをしっかりと覚えておいてください。

ナッシュ均衡は、前提を変えることで動くこともポイントです。ゲームを変えるということは、ナッシュ均衡を変えることでもあるのです。得たい結果を見据えて、どのようにゲームを変えたらそこへ到達できるかを、考えておく必要があります。

バックワード・インダクションという強力なツール

ゲーム理論のツールとして、**バックワード・インダ**

クションはぜひとも習得しましょう。

情報を完備し、相手の行動を指定することでバックワード・インダクションが適用できます。

多少ラフでも、ゲームの前提条件ごとに自分の行動選択肢、相手の行動選択肢を書き込んだ**ゲームの木**をつくって、バックワード・インダクションを適用すれば、ゲームの展開を読むことに役立てることができます。

戦略的操作を使いこなす

戦略的操作の豊富なツールを活用することも大切です。

人はそれと知らずに**脅し**や**コミットメント**、**約束**の技法を使っています。それらを意識的・効果的に使ってください。

情報の重要性を意識する

現実は**情報不完備**の状態が多いので、私的情報の取扱いに注意しましょう。自分の私的情報を秘しておいたほうがよいのか、秘すことで脅しなどに利用できるのか、逆に現わすことが利益となるのか、などを常に考えなければなりません。

イラクのフセイン元大統領は、極秘兵器があるように装ったがために、かえって墓穴を掘る結果となりました。

北朝鮮の金総書記は、自らが合理的ではない判断をするプレイヤーであるという印象を操作することで「北朝鮮が無謀な行動に出る可能性」を他国に匂わせ、他国と有利な取引をしています。

情報不完備の世界では、うまく情報が顕示されなければ、中古車で劣悪な品質の車が流通していくというモデルで見たとおり、経済的に悪い状態に陥る場合があります。

情報の非対称性が起こす問題をよく理解してください。シグナリングや**スクリーニング**の意味をよく理解して、効果的に行なうようにしましょう。

プリンシパル・エージェント問題

現代では、プリンシパルとエージェントの間に起こる問題が重大です。プレイヤー間にこのような問題があることを常に意識しておきましょう。問題の所在を捉えられるだけでも、対処方法にかなりの広がりが出てくるはずです。

最後に

ゲーム理論や経済学的思考では、簡単なモデルを考え抜くことで事態の本質を見抜こうとします。あやふやに全般的なことを考えていても、少しも生産的にはならないことを肝に銘じてください。モデルをつくることで、はっきりと考えられる範囲が決まります。はっきりと考えられるところは、はっきりと明確に考えようというのがゲーム理論の考え方です。

さらに、ゲーム理論では、情報不完備ゲームのモデル化でも見たように、はっきりと考えられないところは、はっきりと考えられる形（ベイジアン・ゲーム）に変換して考えようとします。

しかし、はっきりとさせてはまずい、そのほうが都合がよいということも世間にはざらにあります。あいまいにしておかなければならないことは何かも、これらの手順を踏んでいけば浮かび上がるでしょう。

ゲーム理論は、あくまで人間を扱う理論が発端です。人間とは何か、人間が内面で何を考えているか、外からではわかりません。しかし、考えたり、感じたりした結果は、選択という外から見ることができる行動に表われるではありませんか。その意味を考えよう、というのがゲーム理論なのです。

ゲーム理論の最終目標は、人間を深く見るということなのです。

▶Part6　練習問題・「公正」項目を加味したドーピング・ゲーム（84ページ）

【評価点】

評価項目	ウェイト	評価点基準		ウェイト付けした評価点
勝負	1	勝つ	1	1
		負ける	-1	-1
		互角	0	0
健康	1	健康	1	1
		健康被害	-1	-1
公正	1	公正	1	1
		不公正	-1	-1

▶Part6　練習問題・「公正」項目を加味したドーピング・ゲーム

【利得表】

		選手B	
		薬物不使用	薬物使用
選手A	薬物不使用	(0+1+1,0+1+1) =(2,2)	(-1+1+1,1-1-1) =(1,-1)
	薬物使用	(1-1-1,-1+1+1) =(-1,1)	(0-1-1,0-1-1) =(-2,-2)

勝負・健康・公正のいずれの項目も等しく重視した場合、利得表からナッシュ均衡は、両者が「薬物不使用」の組になります

巻末資料

【練習問題の答え】

▶Part3　練習問題・夏の水着の仕入れ（47ページ）

		自然	
		セパレーツ流行	ビキニ流行
店長	セパレーツ仕入れ	10, -10	-20, 20
	ビキニ仕入れ	-20, 20	10, -10

利得は、利益の万円単位を取ったものとしています

▶Part3　練習問題・エアコンの生産（47ページ）

		自然	
		冷夏	猛暑
メーカー	300台製造	6, -6	6, -6
	1000台製造	-15, 15	20, -20

1000台製造したにもかかわらず冷夏だったとき、300台は売れるので600万円の利益、700台は売れ残ってしまうので製造原価の2100万円が損となります。よって、600−2100＝−1500（万円）となるのです。利得は、利益の百万円単位を取ったものとしています

清水武治（しみず　たけはる）

1948年静岡県生まれ。慶應義塾大学大学院経済学研究科修士課程修了（理論経済学専攻）。数理科学的思考で人間や社会のあり方を研究している。著書に、『ゲーム理論』（共著、三笠書房）、『ゲーム理論最強のトレーニング55』（日本文芸社）、『ゲーム理論の基本と考え方がよ〜くわかる本』（秀和システム）など。

もっともわかりやすい　ゲーム理《り》論《ろん》

2008年６月20日　初版発行

著　者　清水武治 ©T.Shimizu 2008

発行者　上林健一

発行所　株式会社日本実業出版社　東京都文京区本郷３－２－12 〒113-0033

大阪市北区西天満６－８－１ 〒530-0047

編集部 ☎03－3814－5651

営業部 ☎03－3814－5161　振　替　00170－1－25349

http://www.njg.co.jp/

印刷／理想社　製本／若林製本

この本の内容についてのお問合せは、書面かFAX（03－3818－2723）にてお願い致します。

落丁・乱丁本は、送料小社負担にて、お取り替え致します。

ISBN 978-4-534-04402-0 Printed in JAPAN